シリーズ 英文法を解き明かす
現代英語の文法と語法 ⑨

内田聖二／八木克正／安井泉 編

澤田茂保

ことばの実際 1
話しことばの構造

研究社

編者はしがき

　シリーズ「英文法を解き明かす——現代英語の文法と語法」は、英語語法文法学会が2012年に設立20周年を迎えたのを期に、学会で培われてきた活動成果を広く社会に還元すべく、出版を企画したものです。

　英語語法文法学会は、28名の研究者による設立趣意書を受け、1993年に初代会長小西友七のもと設立されました。その背景には、英語学、言語学の分野において、変形生成文法をはじめとする言語理論の隆盛によって学問的な関心が理論的側面に偏り、研究対象が文法の実証的記述から離れていったことがあります。各種学会での研究発表、シンポジウムが理論的な研究に傾き、個別言語としての英語の記述的な語法研究が正しく評価されない状況にありました。

　教育の現場で英語を教え、また英語のあるがままの姿を正しく理解しようと思っている研究者にとって、英語の語彙や構文の特性などの基本的な成り立ちをつまびらかにして、英語自体の理解を深めることこそが、基本的な出発点だと思います。ことばの多様性とそれを説明する筋の通った記述という地道な研究の成果を発表する場を保証することが、本学会の使命のひとつだと思うのです。

　1993年11月、第1回大会が立命館大学で開催され、その後、設立の趣旨を実現すべく、さまざまな取り組みがなされてきました。年次大会ではシンポジウム、研究発表のほか、第6回大会からは特色ある「語法ワークショップ」をはじめました。機関誌の『英語語法文法研究』は創刊号（1994年）から毎年刊行され、前年のシンポジウムに基づく論考、応募論文、語法ノートを掲載しています。また、小西友七初代会長の寄付金を基金として、2000年に「英語語法文法学会賞」を、2010年からは若手研究者の育成と研究活動の促進を目的とした「英語語法文法学会奨励賞」を、新設しました。さらに、2005年以降、学会の社会貢献の一環として会員以外の方も参

加できる英語語法文法セミナーを毎年8月大阪で開催しています。これは、英語学・言語学の最先端の学識に触れる機会を広く提供することを目的としたものです。

　このシリーズは、「ことばの基礎」「談話のことば」「ことばを彩る」「ことばとスコープ」「ことばの実際」という5つの視座から英語ということばを見つめるものです。「ことばの基礎」ではものの名付け、代替表現などを対象として、名詞と代名詞を第1巻でとりあげ、第2巻では文構造の基本としての動詞を記述の中心に据えます。「談話のことば」では、品詞を超えて文をつなぐ現象を第3巻で扱い、談話と文法的規範からの逸脱との関係を第4巻で考察します。「ことばを彩る」というテーマでは、第5巻でテンス・アスペクト、第6巻ではムード、の観点から英語表現のニュアンスの違いを論じます。第7巻と第8巻は「ことばとスコープ」にあてられ、それぞれ照応表現、否定表現が分析の対象となります。「ことばの実際」では、話しことばの実相を第9巻で提示し、英文法と言語コーパスとの接点を第10巻で記述、説明します。

　本シリーズは、英語の文法事象と語法を、最新の知見からわかりやすく解説するとともに、その研究成果を英語教育の現場で役立つ情報として盛り込むことで、研究と教育の両面から包括的に、発話者の「心」を伝える英語表現の仕組みを解き明かすことを目指すものです。

2016年3月

編者
内田聖二
八木克正
安井　泉

はしがき

　外国語教育の目標の根幹は不変であるが、その重点の置き方が時代の変化や要請に合わせて変わっていく。書いてある英語をちゃんと「読む」ことから、自分の伝えたいことを何とか外国語で「話す」といったコミュニケーションを教育目標とする時代になっている。外国語教育において文法教育は不可欠であり、文法教育のない外国語教育はあり得ない。それはコミュニケーションを重視する時代になっても変わらないと思う。しかし、教育目標の重点が変われば、それまで教えられてきた文法にも、それに応じた変更や見直しが必要になってくるであろう。端的に言えば、書かれたものを読むことから、聞いたり話したりすることが目標の中心になれば、その変化に応じた文法教育の変化がなければならない。

　自分の学んだ文法の成り立ちを正しく認識していなければ、コミュニケーションの時代なのだから文法はいらない、といった考えに陥ってしまう。そういう不要論にとらわれる人は、かつて自分たちが学校で学んだ英文法は書かれた言語の文法であることを知らずに、英語一般の仕組みとして誤解していたからであると思う。誤解を恐れずに言えば、これまでの文法は書きことばに根拠をおいて構成された文法であり、これからはそれに加えて、話しことばの仕組みを踏まえた「話しことばの文法」が必要なのであって、コミュニケーションには文法はいらない、ということではない。

　話しことばは、一見すると書きことばに比べて、無秩序で、断片的で、欠落的である。こういった印象を誰もが持つし、それ故に、話しことばは書きことばに比べて「崩れた」、「劣った」ものであり、文法論の正しい分析対象とはならない、と思われがちであった。果たしてそうだろうか？

　生物がほぼ同じ遺伝子を持っていても、生きる環境が変われば、その顕在形態に大きな違いを生むという。ことばにおいても、文法の基盤は変わらないが、「話すこと」と「書くこと」というモードの違いによって、両者の顕現形の相違が立ち現れるのではないか。話しことばが実際に使われる

状況に即して分析してみれば、話しことばの顕現形、つまり構造面の無秩序性、断片・欠落性の理由がわかるのではないか、と考えている。「話しことばの文法」といったものの全体像を提示することなど一巻の書では不可能である。しかし、本書では、可能な限り実際の話しことばのデータに依拠して、新しい文法の一つの方向を示すことを目指した。これまでの文法論を補うものとして、一石を投じられれば幸いである。

話しことばのデータとしては、例えば、母語話者間のパーティ・トークなどを分析対象とするとよかったのかもしれない。だが、日本でそのようなデータをたくさん集めることは容易ではないし、実は、話しことばの分析では場面の働きが非常に重要で、単に音声だけを聞いても、話された場面状況が分かっていないと分析が困難である。そのため、本書では、音調もコンテクストも比較的よく分かるラジオドラマとインタビューをデータとして選んだ。もちろん、ラジオドラマは事前の準備がある素材だが、対話場面での双方向性が顕著である利点がある。一方、インタビューは、ドラマでのやりとりのように双方向性という面は弱いが、事前準備がないリアルタイムで発話されるときの特徴が顕著に現れている。こういったそれぞれの特徴がでているデータとしてラジオドラマとインタビューを選んだ。

最後に、本書執筆の機会を与えていただいた編者の諸先生方に感謝申し上げると共に、本巻担当の内田聖二先生には初稿から丁寧に読んでいただき、有益な示唆を与えていただいたこと、重ねてお礼申し上げたい。勤務校でスーパーグローバル大学創成支援事業の一環として短期間の内に進めていた外国語教育関係の組織改革とカリキュラム改革が刊行スケジュールと重なってしまい、最終段階でなかなか時間を割くことができなかったが、当初の予定通り刊行できたのは、とりもなおさず研究社編集部の津田正氏、高野渉氏の手際よい校正のおかげである。両氏に併せてお礼申し上げたい。

2016 年 3 月

澤田茂保

†本書第 2 章は、科学研究費助成事業基盤研究(C)（課題番号: 25370547「Spoken language の文法論に向けた英語表現におけるタグの研究」）の助成を受けた研究の一部である。

目次

編者はしがき　iii
はしがき　v

第1章　書かれたことばから見た「話しことば」　1

はじめに　1
1.1　話しことばとその境界域　3
　1.1.1　ことばのモードとスタイル　3
　1.1.2　3つの言語スタイル　6
1.2　「モダリティ」と「発話行為」　11
1.3　SLの特徴　14
1.4　場面性とリアルタイム性に関するSLの傾向　20
1.5　SLの分析に向けて　24

第2章　場面から離れられぬ運命——場面性・対面性に関わる諸相について　25

2.1　対面での会話の事例観察　25
2.2　「状況省略」について　28
　2.2.1　文法論の中の「省略」　28
　2.2.2　状況省略の分布　29
　2.2.3　状況省略の発生要因　39
　2.2.4　状況省略の特異な分布　40
　2.2.5　非典型的な省略事例　43
　2.2.6　状況省略についてのその他関連事項　46
　2.2.7　状況省略のまとめ　50
2.3　「タグ表現」について　51
　2.3.1　タグの分類　51
　2.3.2　疑問のタグ——極性が一致する付加疑問文　52
　2.3.3　状況省略と極性一致型の疑問のタグの混合形式　55
　2.3.4　状況省略文と転置疑問文　57
　2.3.5　陳述のタグ　59
　2.3.6　応答のタグ　62
　2.3.7　その他さまざまなタグの表現　68
　2.3.8　タグ表現のまとめ　72
2.4　場面に密着した「定型的表現」　73
　2.4.1　SVCのパターン　73
　2.4.2　SVMのパターン　82
　2.4.3　SVOのパターン　84
　2.4.4　SVOOのパターン　87
2.5　「強調」について　88
　2.5.1　繰り返しによる強調　88
　2.5.2　センテンスによる強調形式　90

2.5.3　主節部の断片化　93
　2.6　ま　と　め　99

第3章　時間に急かされる宿命──リアルタイム性に関わる諸相について　100
　3.1　リアルタイムで進む発話の事例観察　100
　3.2　発話のモデル──Levelt (1989) のモデル　106
　3.3　「挿入」について　111
　　3.3.1　ぼかし表現　112
　　3.3.2　談話マーカーの挿入　121
　3.4　順序の変更を伴う表現の挿入　127
　　3.4.1　背景部前置による挿入　128
　　3.4.2　メタ・レベル表現の挿入　134
　3.5　「繰り返し」について　141
　　3.5.1　機能語の繰り返し　141
　　3.5.2　列挙における基本構造の繰り返し　143
　　3.5.3　繰り返しと強調──機能の二重性　146
　3.6　「言い換え」と「言い直し」　147
　　3.6.1　言 い 換 え　147
　　3.6.2　言 い 直 し　152
　3.7　構造の変容　156
　　3.7.1　構造の平板化　156
　　3.7.2　構造の「融合」　165
　3.8　ま　と　め　172

第4章　話しことばで見られる正規構造からの変化──話しことばの流れとつながり　173
　4.1　名詞句前置について　173
　4.2　話題化について　179
　　4.2.1　話題化と文脈　179
　　4.2.2　具体例に見る話題化文の対比の文脈　184
　4.3　焦点前置文　187
　4.4　特殊な前置文について　192
　　4.4.1　That S V　192
　　4.4.2　X it be　193
　　4.4.3　その他の統語範疇の事例　194
　4.5　転　　置　197
　　4.5.1　転　置　文　197
　　4.5.2　左方転置文　198
　　4.5.3　左方転置の具体的事例　201
　4.6　ま　と　め　209

　引用した資料について　211
　初出一覧・参考文献　213　　　索　　　引　215

第 1 章

書かれたことばから見た「話しことば」

はじめに

　本書は、書きことばと話しことばについて、主にその構造的な面から見た相違の分析を試みるものである。「話しことば」といっても、それは多面的な存在であり、さまざまな立場から切り込むことができる。本書の出発点となる問題意識は、これまでの英文法は書かれた英語を理解するときにはたいへん役立つが、話しことばの実態を理解しようとするとき、英語学習者が知りたいことに答えていないのではないか、ということである。

　簡単な事例で示したい。(1)は正則的な節構造に沿った中学生でもわかる簡単な英文である。ふつう学校文法では、言語材料としてこの形式を扱う。しかし、話しことばの実態を観察すると、(2)のような表現が現れることがある。命題的・情報的にほぼ同じように見えるのに、どうして現れに違いがあるのだろうか？

(1) a. Your children are very polite.
　　b. Do you think he'll come?
(2) a. "They're very polite, your children."
　　b. "Will he come, do you think?"

多くの英語学習者は、学校の授業で(1)の形式を学ぶ。そして、実際の発話場面で、かりに(2)のような表現を耳にした場合、自分が学んだ英語の文法からずれた、あるいは崩れたものとみなして、その差異を捨て置いて

しまう。しかし、(2)のような表現は、書きことばでは「決して現れることはない」が、現実の場面では「繰り返し発生している」のである。話しことばの観察に由来するこうした素朴な問いかけから、話しことばの分析に根拠をおいて文法を考えてもよいのではないかと思う。

実は、(1a)と(2a)のペアは、外国語学習者の抱える問題に答える参考書と銘打ったSwan (1980)に挙げてある例である[1]。Swanは(2a)の節末名詞表現を「強化タグ(reinforcement tags)」と呼び、「"informal spoken English"では、文尾に名詞が残り、さらにthey'reの省略も可能である」と述べている。つまり、(2a)に加えて、"Very polite, your children."といった形も存在するという。英語学習者にはこういう記述は不親切で、逆に英語を理解する上で混乱あるいは誤解を与えるのではないだろうか。インフォーマルな話しことばだからといって、常に(2)のような形式が可能というわけではない。

日本人学習者は英文法の記述に慣れ親しんでいて、ちゃんとした英語とはこういう構造である、と思い込んでいる節がある。しかし、その英文法の記述は書かれた英語を根拠にして構成されていて、話された英語について触れられることがほとんどなく、さらに、触れられていても、Swanのような、あまり参考にならないか、混乱を引き起こすような記述が多いように思う。コミュニケーションを教育目標にする時代にあって、学習材料として話しことばを取り扱うならば、話しことばの多様な実態を分析・理解する文法が必要である。その文法は、書かれたことばに根拠をおいた文法を踏まえつつも、話されたことばの現実の姿に説明を与えるものであるだろう。

本書では、書きことばであれば、あるいは日本人学習者が慣れ親しんだ文法であれば、(1)のような形式がふつうなのに、話しことばの実際の場面では(2)のような形が現れることがある場合、両者の違いはどこにあるのか、といったような問題に目を向ける。話しことばは、書きことばに比べて粗悪なもの・崩れたものであるという立場には立たず、話しことばの

---

[1] Swan (1980: 525)参照。

実態をそのまま認めて、それが成り立っている理由を考えてみたい。以下の節では、「書かれたことばから見た話しことば」という観点から、第 2 章以降の記述の前提となる基本的な事項について記述する。1.1 節では、本書で分析の対象にする「話しことば」の領域設定について概観する。1.2 節では、話しことばとの関わりでモダリティと発話行為について触れる。そして、1.3 節と 1.4 節では、第 2 章以降の実例に基づいた分析に先だって、話しことばの特徴について、書きことばとの比較から概要を述べる。

1.1　話しことばとその境界域

1.1.1　ことばのモードとスタイル

　言語は衣装と似ていると言われる。人はいつでもどこでも同じ服装をしているのではなく、場面や状況にふさわしい服装を選んで「着分け」ている。同じように、言語もまた人は無意識のうちに場面や状況に応じて「使い分け」ている。ゆえに、多様なことばを説明するときに、言語学では、モードやスタイルといった衣装を連想させる用語を使う。

　ことばの「モード」は、言語による情報伝達を行うときに選択される媒介・形態に関わる概念で、重要な対立は spoken/written である。spoken モードでは、話し手が聞き手に対して音声を媒介にしてメッセージを伝達する。音声は一時的かつ線形的に産出されるので、同一の時空間上で、リアルタイムに進み、基本的に双方向的である。そして、いったん音声化されたメッセージは取り消すことはできないし、伝達された内容は記録として残ることはない。一方、written モードでは、書き手が読み手に対して書記手段によってメッセージを伝達する。書記という手段であるがゆえに、原則として、同一の時空間が共有されず、伝達には時間差が発生し、一方向的である。また、伝達内容は推敲・編集が可能で、記録として残る。

　一方、「スタイル」は、もともとは文学などの「文体論」や「レトリック論」といった分野で、主に書きことばの「書きぶり」というような面に関する概念として使われている。しかし、本書では、ことばの「スタイル」は、話し方あるいは書き方が「かたくるしい」か「くだけている」かといっ

た特性に関わる、formality の概念としてとらえる。こういう特性は程度の問題であるので、モードと違って、スタイルは連続的な概念である。

　このモードとスタイルは交差する概念である。この 2 つの軸を交差させ、その中にいろいろな言語使用を大まかに位置づけると、図 1 のようになるだろう。

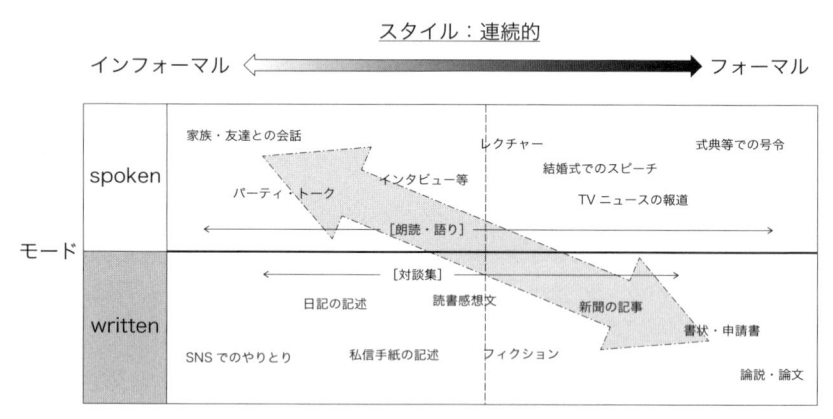

スタイル：連続的
インフォーマル ←　　　　　　　　　　→ フォーマル

spoken
- 家族・友達との会話
- パーティ・トーク
- インタビュー等
- レクチャー
- 結婚式でのスピーチ
- TV ニュースの報道
- 式典等での号令
- [朗読・語り]

モード

written
- SNS でのやりとり
- 日記の記述
- 私信手紙の記述
- [対談集]
- 読書感想文
- フィクション
- 新聞の記事
- 書状・申請書
- 論説・論文

図 1：モードとスタイル

spoken モードの領域では、家族や友達との会話で使用することばはもっともインフォーマルで、左端領域に位置づけられる。そして、その逆の右端に位置することばは、式典などでの号令や挨拶で使用されるものであろう。号令や挨拶などはスタイルとしては「かたくるしい」が、あくまでも spoken モードである。他方、written モードで、フォーマルな特性が強いのは挨拶文や論文などで使用される言語であろう。これらは「かたくるし」く、表現全体が様式化されている。そして、この反対にあるのは、例えば、最近の通信技術の発達とともに発生した SNS のやりとりなどで使用されていることばではないかと思う。人のさまざまな言語使用は、原則として、図 1 のどこかに配置される。

　伝達形態としてのモードと言語表出に関するスタイルは、どちらも基本的に独立の概念である。しかしながら、一般的に言って、spoken モードはインフォーマルなスタイルと親和性があり、また、written モードはフォー

マルな様相を帯びがちである。そのため、図1の左上から右下にかけての矢印で表されるような対立が、話しことばと書きことばの印象の違いとして顕在化する。インフォーマルなスタイルは、語彙や表現が一般に「短く」、そのため表出が「ぶっきらぼう」になる傾向がある。そういった側面は「無礼さ」、あるいは逆に「親しみ」といった印象につながりやすい。他方、フォーマルなスタイルは、語彙は難しく、表現は冗長になる傾向があり、それが「丁寧さ」、あるいは逆に「疎遠さ」といった印象につながりやすい。また、spokenモードでは音声が伴うので、音調もそういった印象に大いに関わる。本書の取り扱おうとする「話しことば」は、モードとスタイルという観点で見ると、spokenモードでインフォーマルな領域(図1の左上領域)で現れることばだと言える。

「話しことば」は、話者が使い分けている多様なことばのあり方の1つである。このような同一言語のくくりの中で見られるさまざまなあり方を「言語変種(language varieties)」と呼ぶことがある。図1ではモードとスタイルに関わる変種だけが表されている。しかしながら、図1の奥行きに対応するような、別の観点に基づく変種も存在する。それらの多くは社会言語学が関心を持ってきた対象で、例えば、言語使用者が住む地域や属する社会階層の違いに起因する地域・階級的変異、さらには言語使用者の性別や年齢などの差異による変異、idiolectと呼ばれる個人差による変異に関わる変種である。実は、こういった変種は、図1の左上の領域で観察されることが非常に多い。逆に、その他の領域では、こうした差異は限定的である。一般的に言って、spokenよりもwrittenモード、インフォーマルよりもフォーマルなスタイルにおいては、地域・階級方言や男女や年齢差などの差異は狭まる傾向にあるか、あるいは観察されない[2]。そのため社会言語学的な研究は話しことばの研究に傾斜しがちになる。

図1と関連して、「使用域(register)」について触れておきたい。使用域は、文字通り、ある言語形式が使われる「領域」のことである。簡単に言えば、図1で任意の場所を囲めば、そこは使用域と呼べる。ただし、その中で何

---

[2] さらに、このような共時的な相における変異に、歴史言語学の対象である時間の軸に沿った通時的な変異などが重なっている。

らかの一般化ができる特徴が特異的に認められなければ、使用域として領域を設定する意味はほとんどない。例えば、パーティ・トークを範囲設定すれば、パーティ・トークに固有な何らかの言語学的な一般化を認めることになる。話者は、言語を使用する中で、その言語の使用域を自由に行き来して、服装を交換するようにその場に合わせて言語のスタイルを自由に変えてしまう。使用域は、話題内容、聞き手と話し手の関係、そして、場面(occasion)において可変であり、広・狭の尺度がある。もっとも狭くすれば、「天気予報のことば」といった使用域も考えられる。そこでは、天気予報で特異的に使用される言語の形式が認められるであろう。一方、非常に広く使用域をとらえると、「会話」といった広範囲な使用域も想定される。それはおそらく「会話でない」使用域との差異でしか特徴づけできないくらい広いものとなるだろう[3]。

1.1.2　3つの言語スタイル

　前節では、モードとスタイルをキーワードに、「話しことば」を二次元的な面でとらえてみたが、それは切れ目のない連続的な存在である。そこで、本節では、連続的な存在に便宜的に境界を設定する。

　人がどういう場面・場所でどんな服を着るかといったことに、はっきりとした線を引くことはできない。だからといって区別が不可能かと言えば、そういうことはない。例えば、家で過ごすときの部屋着と会社などに着ていく仕事着は対極に位置づけられるであろう。そして、その中間に、遊びやスポーツでの衣服を位置づけることができる。このような衣装の着分けと同じように、人が使い分けていることばはたしかに場所や場面で融通無碍に変化しているが、その中に代表的なクラスターを設定することは不可能ではない。

　ここでは、衣装の例に倣って、3つのクラスターを想定する。それは前節で述べたspoken / インフォーマルとwritten / フォーマルという対極に

---

[3] Biber et al. (1999)では、conversationが1つの使用域として設定されているが、固有の使用域というより、他の3つの言語使用領域(fiction, news, academic prose)との差異化として理解される。

位置づけられる 2 つの言語クラスターと、その中間のクラスターである。図 1 で、左上の領域と右下の領域は話しことばと書きことばの典型的なスタイルが位置づけられる領域として対立する。左上の領域にある言語は話しことばの典型的なスタイルで、talking style と呼び、また、右下の領域にある言語は、書きことばの典型的なスタイルで、written style と呼ぶことにする。一方、中間的なスタイルは、話しことばとしても書きことばとしても成り立ちうるもので、モード横断的な形式である。モード横断的であることから適当な名称がないので、ここでは便宜的に middle style と呼ぶことにする。

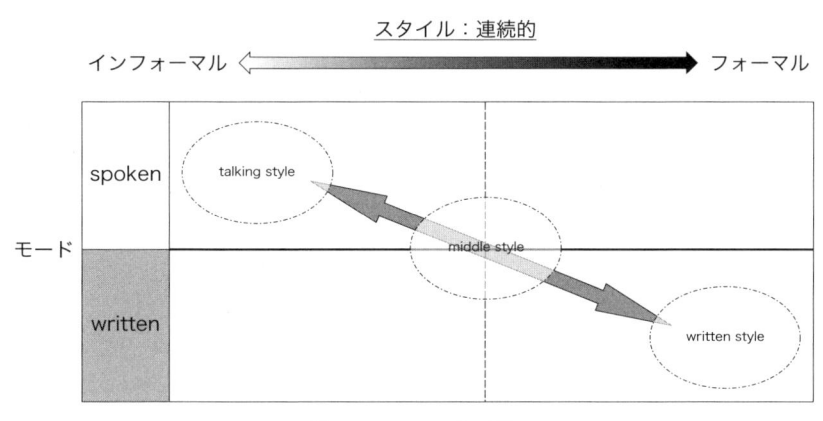

図 2: 3 つのスタイル

このような 3 つのスタイルには、言語の使用実態から見てどういう違いがあるのだろうか。

まず、talking style は、話し手と聞き手が「場面を共有した対面状況」で発生し、話し手はことばを「リアルタイムで産出」し、聞き手はそれを「リアルタイムで理解」する。一方、その対極にある written style は、基本的に、書き手と読み手が対面していることはなく、したがって、共有された伝達の場というものは存在しない。また、伝達はリアルタイムで行われないので、書き手には時間的な余裕がある。この 2 つのスタイルは、それぞれのモードの特徴を直接的に受け継いでいる。一方、中間的な存在である middle style には二面性がある。

本書での考察は、主として talking style に向けられることになるが、その基本的な特徴は「場面性」と「リアルタイム性」と言えるだろう。そして、中間的なスタイルである middle style は、基本的な特徴のうち、とくにリアルタイム性が希薄になっているスタイルである。

具体化のために、次の事例を比較してみよう。

(A) In 1909, a man named Charles Hercules Ebbets began secretly buying up adjacent parcels of land in the Flatbush section of Brooklyn, including the site of a garbage dump called Pigtown because of the pigs that once ate their fill there and the stench that still filled the air.

(B) Let me now bring up a man named Charles Hercules Ebbets. In 1909, he started to secretly buy up adjacent parcels of land in Flatbush, which is in Brooklyn, as we all know. This is important because one of these parcels included the site of a garbage dump called Pigtown, because, you can probably guess, there were once pigs there that ate a lot, and the stench still filled the air.

(C) I heard that, *like* back in *like* 1909 or so, a guy named . . . actually his full name is, Charles Hercules Ebbets, well, he started buying up a whole bunch of land in Flatbush . . . it's in Brooklyn, of course, . . . and one of the places he bought was an old, old garbage dump. Everybody called it Pigtown. △ Kind of makes sense, 'cos, *you know*, there were *like* pigs all over. They were *like* always eating and it stunk like pigs *and all*. (△は省略部)

(A) は Brooklyn Dodgers の本拠地であった Pigtown のいわれについて説明した written style の英語である[4]。ほぼ同じ内容のまま、聞き手を意識したレクチャーのような英語、つまり、middle style の英語にすると、(B) の

---

[4] インターネットのある記事 (http://www.pbs.org/kenburns/baseball/about/) からの引用 (2016年1月15日閲覧)。

ようになるであろう。(B)には、例えば、下線部のような聞き手の存在を意識した言語的な特徴が加わり、また、ある意味で構造の平板化が観察される。そして、リアルタイムで進む発話であるならば、(C)のようになるであろう。(C)には、下線部や斜字体部に見られるようなリアルタイムで進む発話に観察される特徴を人為的に加えてあり、talking style の印象を与える英語である。(C)は文字として見れば、断片的で、欠落的であり、構造関係が全体に不透明でわかりづらい。だが、実際の場面で、適切な音調で発話されれば、理解に支障をきたすことはないであろう。

　talking style は、「対面かつリアルタイムで進む」という共通した条件下での言語使用である。したがって、このスタイルには、どの言語においても観察される共通の特徴があると考えられる。そして、それは個別言語の違いに依存しない、話しことばそのものの特徴であるはずである。本書は、英語における「書きことば(written language / 以下 WL)」から見た「話しことば(spoken language / 以下 SL)」についての構造面の分析である。以下で、SL という場合は、多様な話しことば全般を指すのではなく、主に talking style、あるいはそれを少し整理した middle style の言語を指すものとする。

　本節で述べた3つの言語スタイルは英語教育的にも有意義である。これまでの英語教育の主たる目標は、書かれた英語を読んで理解することであった。しかし、コミュニケーションを重視する英語教育においては、モードやスタイルに配慮した教育が行われる必要がある。これまでの外国語教育では、モードやスタイルの変化を統合的に見る視点が希薄であり、その自覚がないまま単純に WL から SL へと言語材料を変えても、これまで抱えていた問題は解決しない。

　その問題を具体的に考えてみよう。(3)は、ほぼ同じ内容を3つの言語スタイルで書いてみたものである。

(3) a. The use of an electronic dictionary enables language learners to find new words promptly.
　　b. If you use an electronic dictionary, you can find a new word very quickly.

c. I often use an electronic dictionary, so I can . . . , I can find words, new words, more quickly . . . .

かつての高校生には、英作文として、(3a)のようなスタイルを教えていた。それは、書かれた英語を中心に学習してきたからである。こういう英語だけに触れている学習者が英語を話さなければならない状況に立つと、自分が学習した言語のスタイルとは異なる言語スタイルの使用を求められることになる。習っていないことはふつう実践できない。written style から話しことばの特徴を持っている middle style(あるいは talking style)への変化を自覚できている学習者はよいが、そうでない学習者は、対面でのコミュニケーションを行うことができず、なにも口から出てこない、といった経験をする。そして、何年も勉強してきたのに . . . 、と英語教育に強い不信感を抱く。これは言語のスタイルについて適切な教育がなされてこなかったからである。

　他方、これはかつての姿で、現在は状況が変化してきていると感じている英語教師もいるかもしれない。英語ライティングの指導をしていると、現在は(3b)のスタイルで書く学生が多い。学校教育の中で、話すように書く、つまり、middle style の英語に慣れ親しんでいるからと考えられる。middle style のよいところは、WL としても SL としても成り立つことで、書いたことが話すことにつながりやすい。しかしながら、現状における真の問題は、言語のスタイルへの意識が不十分なため、いつまでたってもwritten style へ進んでいかないことである。かつてとは逆に、(3b)のスタイルから(3a)のスタイルへとどのように学習を発展させるかといった議論が近い将来出てくると思われる。いずれにせよ、学習者に自らが学んでいるスタイルを意識させることが必要である。言語材料として、話しことばの authentic な形態である(3c)のような talking style を導入すべきとは思わない。ただ、スタイルを意識した教育を行わなければ、過去になされたような英語教育批判を再び招いてしまうのではないだろうか。それは今度は、口からは(断片的に)出てくるけれど、書かれてある英語がわからない、という形になる可能性がある。

本節では、多様な言語使用の中において、本書の分析の対象とする話しことばの境界を設定し、それはspokenモードでインフォーマルなスタイルの領域で使用される言語であるとした。そして、その領域においてのみ見られる本質的な特徴は「場面性」と「リアルタイム性」であることを指摘した。

1.2 「モダリティ」と「発話行為」

「モダリティ(modality)」と「発話行為(speech acts)」がSLの構造的な変容とどう関連するかについて簡単に触れたい。

「モダリティ」はまず、「発話時点における話し手の心的態度」と定義できる[5]。「発話時点」は発話が行われる瞬間の時間であるので、SLの特徴であるリアルタイム性と深く関わる。また、「心的態度」はとりもなおさず話し手の心理的な作用の有り様であるので、SLの特徴である場面性(話し手の存在)に関わっている。一方、「発話行為」は、話し手がことばを発することで、伝える意味に加えて、何を行っているか、ということに関する概念である。発話行為は話し手が音声を発する場合しか起こりえないため、これも場面性を必然的な要素とするSLと切り離せない。ふつう、モダリティ論や発話行為論は、場面や文脈から切り離して、表現レベルでの意味論的な研究として議論される。理論的には場面と切り離した議論は当然可能であるが、本書では、モダリティや発話行為を、話し手と聞き手が存在する場面の中でリアルタイムに発生する動的な概念としてとらえたい。

モダリティは日本語において、より明示的に観察されるので、予備的な説明として次の日本文を観察しよう。

(4)「金沢は雪が降っているかもしれないね」

この文はいくつかの部分に分けることができる。まず、「金沢は雪が降っている」と「...かもしれないね」に分けられる。前者は、金沢に雪が降っ

---

[5] 中右(1994)参照。

ていれば真であり、降っていなければ偽であることを判定できる、命題に対応する部分である。一方、「...かもしれないね」は、命題内容に対する話し手の何らかの心的態度に関わる部分である。このような、「文」から「命題」を差し引いたものがモダリティである。さらに、(4)のモダリティ部は、話し手の推量という心的な作用を表す「かもしれない」と、聞き手への同意を求める心的作用を表す「ね」の2つの要素に分けられる。「金沢は雪が降っているかもしれない」は、独り言として成立する。だが、壁に向かって「...かもしれないね」というのは不自然で、「ね」の使用は相手の存在を前提にしている。前者は話し手の主観的な作用で、「主観的なモダリティ」に属し、後者は聞き手の存在を取り込んでおり、「対人的なモダリティ」である[6]。図で表すと次のようになる。

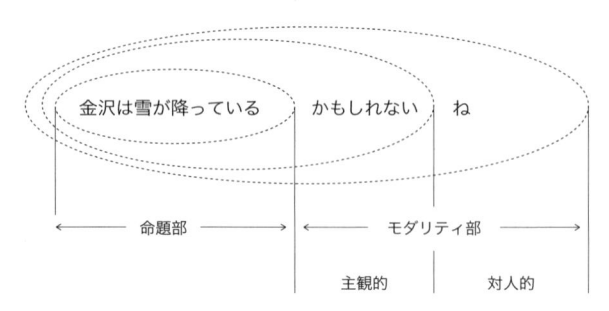

図3: 命題とモダリティ

日本語のモダリティ部にはさらに細かな下位区分があるが、ここでは次のことを確認するのみで十分である[7]。文は命題部とモダリティ部に分けられ、さらにモダリティ部は主観的な部分と対人的な部分に分かれている。そして、主観的なモダリティと対人的なモダリティは、図3のような階層構造をなしている。したがって、例えば、主観的なモダリティを欠いた「金沢は雪が降っているね」という表現ならば、話し手がテレビか何かで雪が降っていることを事前に知っており、聞き手に同意・確認を求めているように聞こえる。SLは基本的に聞き手が存在するときの発話であるから、対

---

[6] 中右(1994: 41)は、前者を「命題態度」、後者を「発話態度」としている。
[7] 益岡(1991)参照。

人的なモダリティを帯びる傾向がある。

　主観的なモダリティは、確信の程度に個人差はあるかもしれないが、原則として、聞き手や場面に応じた変異はない。したがって、純粋に意味論として扱うことのできるモダリティである。しかしながら、対人的なモダリティは、対人的であるがゆえに、語用論的な変異があり得る。例えば、「わかったね」は、ある文脈においては、軽い脅迫として受け取られることがある。このように、対人的モダリティは、現実のどういう文脈で話されるかといった事情と切り離すことはできないので、場面性の高いモダリティである。

　では、このようなモダリティが、SL の構造変容にどのように関わるのだろうか。(5a)は、あるラジオドラマの中で、銀行の支店長が勤務成績の悪い行員にハッパをかける場面での発話である。

(5) a. "I used to be a bank teller, hard to believe, I know."　　　(TZ43)[8]
　　　（「以前窓口係だったんだよ、信じられないだろ、わかるよ」）

　　b. I know that it's hard to believe I used to be a bank teller.

(5a)は対面の発話に見られる典型的な SL の形式である。学校文法で習うような多重節構造である(5b)と比較すると、(5a)では、節構造が断片化して、逆の順序で並んでいる。このような構造の断片化は SL の大きな特徴であり、モダリティが関与していると考えられる。

　(5b)の多重節構造は、図3で表したような、基本的な命題とモダリティの関係では、次のような形に分けられる。

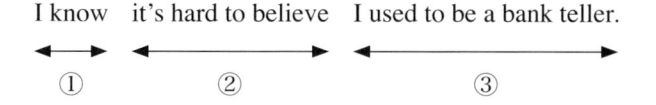

　　　　I know　　it's hard to believe　　I used to be a bank teller.
　　　　←→　　　←――――→　　　　←――――――――→
　　　　　①　　　　　②　　　　　　　　　　③

③は真偽を問うことのできる命題部である。②は、③に対する確信の程度を表すので主観的なモダリティである。①は、一人称で現在形であること

---

[8] TZ の記号はラジオドラマ Twilight Zone Series からの引用であることを示す。二桁の数字は、巻末に揚げた同シリーズのエピソードを表す。

が端的に示しているように、ここでは発話時での話し手の心的な態度を表しており、あなたと認識を共有しているというような対人的モダリティの様相を持っていると考えられる。このように分析すれば、(5b)の3つの部分が、SLでは、バラバラに分かれて、それぞれ断片化して出現していることがわかるであろう。SLでは、WLで構造化されたモダリティの各部が分解されて順序を変えて出現する。とくに、①の要素は、(5b)のように文頭にある場合は、知識の有無を表す読み方が可能であるが、(5a)のような文末での出現は、対面した状況でしか見られない変化である。対面状況でなければ、I knowの文末配置は不自然である。

　一般に、モダリティ表現や発話行為に関わる表現(例えば、I would say やI swearなど)は、SLにおいては断片化の特徴を示す。SLは対面で、かつリアルタイムで発話が進行する言語使用である。そのため、即座に頭に浮かんだこと、真っ先に伝えたいことから口にされる。そういった傾向があるため、情報が断片化あるいは平板化すると考えられる。逆に、同じ内容をWLとして表現する場合、文章を推敲できるため、いくつかの情報の単位が1つの文の中に組み込まれた階層性のある複雑な構造となって現れやすい。SLの断片化や平板化は、リアルタイムの特性に基因する構造的な変化と言える。

1.3　SLの特徴

　学校文法で使われる文例はWLの形式が多い。本節では、従来の英文法の記述で繰り返し使用されているような文構造と比較して、SLで現れる構造がどういう特徴や変容を示しているかについて述べていく。個別な事項は第2章以降で論じるとして、ここでは概論的に記述したい。

　学校文法で繰り返し使われている文構造と比較すれば、SLに実際に現れる構造には簡単になっているところと複雑になっているところがある。次例を比較してみよう。(6a)は学校文法で言う《too〜to構文》であり、(6b)は《so〜that構文》で、いずれも必須学習項目である。しかし、SLでは、ほぼ同じ内容が、(7)のように発話されることが多い。

(6) a. It's too hot for me to eat.

　　b. It is so dark that I can't tell who that is.

(7) a. "... I can't eat it. It's too hot ...."

　　b. "... Who is that? I can't tell. It's too dark ...."

(6)は、不定詞節や that 節 (あるいは wh-節) が主節内に埋め込まれて、多重節となっており、明らかに構造的に複雑である。他方、(7)では、多重節が分断されて、単純な節構造が並列されている。

　学校文法では、ある程度構造化された複雑な文を教える。学校での文法教育の主眼が、読むときに必要な知識を教えることにあるからである。しかしながら、実際の発話では、そういった多層的な構造は避けられる傾向にあり、むしろ構造全体が平板化し、短い形式が連続的に現れることが多い。その意味で、SL では、同じような内容でも、構造的に「簡素化している」という特徴が観察される。これは、SL がリアルタイムで進む発話であり、時間的に切迫していることに基因するものと考えられる。

　では、SL では常に構造が簡単になっているかと言えば、必ずしもそうとは言えない。学校で文構造を教えるとき、ある意味で「純粋培養」された文を使いがちである。だが、そういう純粋な形式が現実の発話場面で繰り返し使われていると短絡的に考えることはできない。次例を見てみよう。(8)は、中学レベルの基本的な SVO 文や命令文、疑問文である。現実の対面状況では、(8)のような表現は当然聞かれるけれども、場面によっては(9)のような形で現れることがある。

(8) a. I love you.

　　b. Don't do it.

　　c. How old are you?

(9) a. "Oh, you don't know how much I love you, John."

　　b. "Don't tell me you wanna do it."

　　c. "Can I ask you how old you are?"

この対比が示すように、SL では、同じような内容であっても、「複雑化している」という特徴も観察されるのである。SL が相手を目の前にした言語

使用であることから、相手との関わり合いを反映する表現が絡み合って現れる傾向があり、ここではそれが複雑化の要因となっている。

英語教育的な観点を付記したい。例えば、対面の会話では、(10)のような直接的な疑問文ではなく、(11)のような聞き方をしなさい、という指導をすることがある。

(10) a. What do you want?
b. What's your name?
(11) a. *Could you tell me* what you want?
b. *Can I* have your name?

これは丁寧な聞き方といった脈絡での指導である。このことは、SLとして見れば、理に適った指導である。SLでは相手との関係性を表す表現が取り込まれやすく、一人称・二人称代名詞がより多く出現する特徴をとらえているからである。

学校文法で見られる文と比較して、SLで観察される言語使用は構造面で単純化する方向と複雑化する方向があり、一概に、一方が簡単であるとか、難しくなっているとは言えない。ただ、学校文法での例文は、英語の構造的側面を教えることを重視しているために、SLとして現れやすい表現形式が意識されているとは言えない。そのため、文法的に正しいけれども、SLとして見た場合違和感のある表現が多いことは事実である。

さて、SLにおける簡素化と複雑化は表裏一体の現象である。ある側面での複雑化は、他の側面での簡素化であるといった、トレード・オフの関係が往々にしてある。次の文を観察しよう。

(12) a. I bought an interesting book at Tsutaya.
b. "I bought a book at Tsutaya. It's really interesting."
c. "I bought this at Tsutaya. It's really interesting."

(12a)は、文法問題集で見られるような標準的な英文である。(12a)は、SLとしても成り立つが、実際の発話場面では、(12b)のような形で発話される可能性が高い。(12b)では、1つの節で済むことが2つの節となって現れ

ている。この意味で、全体として見ると、SL には「余剰性・冗長性」がある。また、この発話場面で、話し手が購入した本を手に持っているならば、おそらく(12c)のように言うであろう。目的語名詞句で内容語が機能語に変換されており、節内という局所では「簡略化・省略化」されているとも言える。このように、一見すると背反する「余剰性・冗長性」と「簡略化・省略化」といった特徴が SL には共存する。

「簡略化」の理由は明らかであろう。SL においては場面からわかりきったことは言語化されない。例えば、話し手と聞き手がともに同定可能な指示対象であれば、最初から代名詞や指示詞で指し示すだけで了解される。場面から容易に補われる情報を言語化すれば、それは余計なことなのである。一方、「余剰性・冗長性」の理由はどこにあるのだろうか。それは、SL の使用場面では、話し手も聞き手もリアルタイムで情報を処理しなければならないことによると考えられる。リアルタイムの情報処理は 1 回の処理が単純であればあるほど容易で、負担が軽い。その観点から言えば、(12a)は多くの情報が 1 つの節内に閉じ込められており、リアルタイムでの発話としては「重い」のである。だから、文法書の例文のような印象を与え、臨場感にも乏しく、時間的に切迫している感じがしない。一方、(12b)や(12c)では、情報をいくつかの単位に分けており、局所的には情報を処理する上で負担が軽くなって、全体としてみれば目の前の相手にキビキビと伝える印象を与える。

さらに、(12b)や(12c)では場所の表現(at Tsutaya)が節内に入っているが、次のように分離する場合もある。

(13) "Yesterday I went to Tsutaya and I bought this. It's really interesting."

(12a)では、1 つの節構造にまとめられている 3 つの情報(bought, Tsutaya, interesting)が、(13)では、3 つの節にそれぞれ分かれている。模式的に表すと、次のようになるであろう。

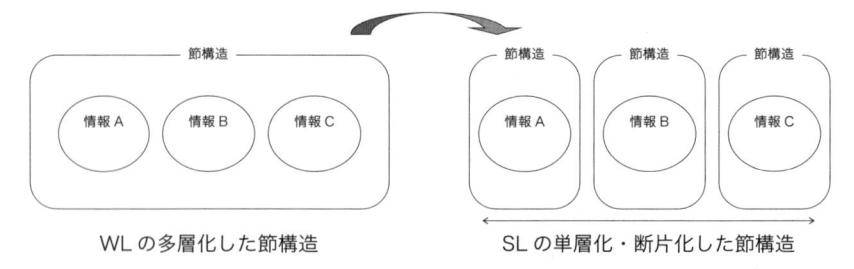

第 1 章　書かれたことばから見た「話しことば」

```
┌─ 節構造 ──────────────┐       ┌節構造┐ ┌節構造┐ ┌節構造┐
│  ╭───╮  ╭───╮  ╭───╮  │       │╭───╮│ │╭───╮│ │╭───╮│
│  │情報A│ │情報B│ │情報C│ │  →    ││情報A││ ││情報B││ ││情報C││
│  ╰───╯  ╰───╯  ╰───╯  │       │╰───╯│ │╰───╯│ │╰───╯│
└──────────────────────┘       └─────┘ └─────┘ └─────┘
    WL の多層化した節構造              SL の単層化・断片化した節構造
```

図 4: WL と比較した SL の構造的な変容

WL では 1 つの節構造に取り込まれている情報が、SL ではそれぞれ独立した単位となって、並列的にあるいは連続的に並んで出現する傾向がある。

　学校文法的な例文と実際の場面で見られる発話の関係を、もう 1 つ別の対比で見てみよう。(14a) は文法書で見られるような文である。だが、これは SL で実際に観察される可能性が非常に低いと思われる。現実の発話場面で、3 つの名詞句(下線部)が 1 つの節内に取り込まれている構造が現れるためには、よほど特殊なコンテクストが必要だからである[9]。むしろ、リアルタイムの発話状況で現実的に耳にする可能性が高いのは、(14b) のような形であろう[10]。

(14) a. "The man in a tuxedo gave a beautiful bouquet to Jane."
　　　（「タキシードの男が美しいブーケをジェーンにあげた」）

　　 b. "Look at the man ... in a tuxedo. He gave something to Jane. Wow, a beautiful bouquet, isn't it?"
　　　（「ほら、あの男、タキシードの、何かジェーンにあげたわ、わー、きれいなブーケね」）

(14a) の下線の 3 つの名詞句は、(14b) では、それぞれを含む 3 つの文として並列的・連続的に現れている。(14b) の発話からは話し手がタキシード

---
[9]　(14a) が実際の発話として出現したとしても、記憶を辿って過去の出来事を報告するような文脈であろう。

[10]　(14b) は、(14a) との対比を明確にするために作例したので、一部にまだ実際の発話としては不自然なところがある。例えば、Jane は適切に文脈化されていない。

を着た男を認めて、それについて何かを語る、といった場面状況が容易に想像できる。だが、(14a)はそういった場面から切り離された表現である。場面から切り離されているからこそ、動詞の項構造に集中した文が作成できる、とも言える。

さらに、(14a)は伝えられる場面状況というより、動詞 give の用法に焦点がある文だと指摘できる。文構造を教えるとき、場面状況はある意味で不純物であって、それを捨象することは決して責められるべきではない。問題があるとすれば、そういった文が現実的に頻繁に現れる形式である、と思い込んでしまうことである。おそらく、give の実際例として現れやすいのは、(14a)ではなく、むしろ(15)のいずれかであろう。

(15) a. The man in a tuxedo gave it to her.
    b. He gave it to Jane.
    c. He gave her a beautiful bouquet.
    d. He gave it to her.

(15)の各文は、場面を離れては成り立ち得ない。(15a)〜(15c)は、文内の3つの名詞句のうち、1つだけが内容語で他は代名詞である。つまり、伝えるべき情報が1つで、非常にコンパクトな文である。(15d)は動詞と代名詞だけで、情報処理上もっとも軽い文である。しかしながら、情報量としては極限的な構造であるために、逆に場面への依存性が高すぎて、出現する文脈に制約が強いとも言える。そのため、実際の発話場面で現れやすい構造は、情報を伝えながらも情報負荷が軽い構造、つまり、(15a)〜(15c)のような構造である。

SL はリアルタイムで進む発話である。時間に急がされているので、情報処理的には軽い構造が現れやすい。(14a)のような文は、たしかに文法教育上は効果的な文であるけれども、現実の場面で起こりやすい構造とは異なっている。WL を根拠にした文法教育で使われる文と SL で起こりやすい構造との違いは、コミュニケーションを教える時代ではとくに大切である。これまで学校文法で使われていた文が悪いということではない。何を目標として例示された文であるかを正しく認識する必要があるということ

である。

本節の議論をまとめると、次の図のようになる。

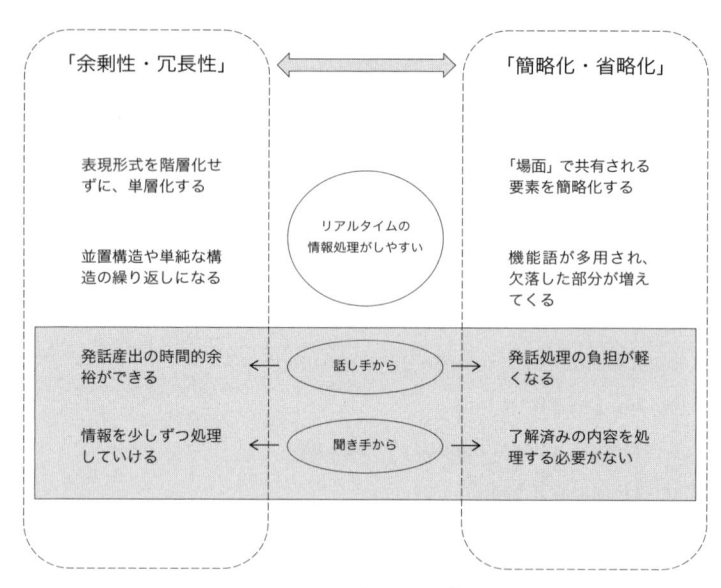

図 5: SL の相反する特徴

WL と比較した場合、SL には「余剰性・冗長性」と「簡略化・省略化」という特徴が観察される。この相反するような特徴は、SL が対面かつリアルタイムで進行する発話であることに基因していると考えられる。

1.4　場面性とリアルタイム性に関する SL の傾向

前節で述べた SL の 2 つの基本的特徴から、冒頭で述べた Swan の例を考察する。

(16)　a.　Your children are very polite.　　　= (1a)
　　　b.　"They're very polite, <u>your children</u>."　= (2a)
　　　c.　"△ Very polite, <u>your children</u>."

(16b)では主語に代名詞がいきなり現れており、明らかに先行する状況を前提にしている。例えば、they が指している人間が目の前にいて、聞き手と話し手に同定されている状況である。しかし、本当に指示対象が了解されているかは不確定である。とくに、リアルタイムで進む SL では、その不確定さがつきまとう。(16b)が発生する文脈環境は、まさにそういう場合である。逆に言えば、このようなリアルタイムな臨場性がないときには、(16b)の形式は不自然である。(16b)はきわめて場面依存的な形式で、発話の場面から切り離して議論することはできない。(16b)が成り立ちうるのは、例えば、友人宅に招かれて、目の前で子供たちが polite な行動をしたときに、思わず口にした、といった場面であろう。こういった発話の場面を離れたことばとして、あるいは書きことばとしては、(16b)は不自然なのである[11]。

　要素の並び方の観点から見てみよう。(16b)では、they're は英語文を構造的に支える機能語類である。情報として見ると、述部の判断が先行し、主語の具体的な情報は「二の次」になっている。臨場性のあるリアルタイムな言語使用では、心理的な印象や関心の強さが影響し、頭にまず浮かんだことが口をついて出てくる。誤解を恐れずに言えば、印象の強いものや関心の高いものが先に来る傾向が強い。時間をかけた思考であれば、伝えることが整理されて、(16a)のようになるだろう。だが、リアルタイムで、時間に急かされている場面では、目の前にいる子供について述べていることは自明だろうと思って、まず行動や態度についての判断や思考が発話される。そして、指示に不確実性を感じると、その直後に事後思考 (afterthought)的に情報が追加される。さらに、第 2 章で述べる状況省略により、(16c)のように機能部の they're が消失してしまうことがある。状況省略の特性によって、(16c)の形式は場面状況への依存性がさらに高くなる。話者の目の前に子供たちとその親がいて、子供たちの振る舞いを褒めるような言葉を、親に対して発している、というような状況であろうか。このように考えてみると、例えば、会話中に、"Oh, good boys, your kids" という

---

[11] (16b)は右方転置と呼ばれる。転置については第 4 章で取り上げる。

発話を聞いたときに、断片的で不完全な表現だとして切り捨てることはできない。この形式自体が場面依存表現として可能な形式であり、"Your kids are good boys." といった単純な陳述表現とは異なるのである。

SLでは「印象の強いものや関心の高いもの」が先に来る傾向があることを指摘した。おおざっぱなとらえ方をすれば、同様の傾向が冒頭で述べたもう1つのペアについても観察される。

(17) a. Do you think he'll come?　　= (1b)
　　 b. Will he come, do you think?　= (2b)

現象的に見ると、do you think が主節から離れて、節末に出現しているように見える[12]。(17)の2つの文は、同じように見えても、発話される場面状況は異なる。(17a)は、ある命題(「彼がやってくる可能性」)への思考を問うており、聞き手への単純な質問である。しかし、(17b)は、聞き手がどう思っているかよりも、he will come に対して関心がある状況の発話である。例えば、女子高校生が、関心のある男の子が来るのかどうか、友人に聞こうとしているような場面が想像される。そういう場面状況から切り離されたところで、(17b)の形式が現れることはない[13]。

WLでは産出するときに十分な時間があるので、伝えたいことが推敲できる。簡単に言えば、伝えたいことの順序を入れ替えて、よりわかりやすくなるように整理できる。一方、SLでは、リアルタイムで時間に急かされており、そして、口から出たことは取り消すことができない。そのため、WLと比較した場合、SLには産出において断片化・分断化といった現象が観察される。

以上をまとめると、SLでの発話にはリアルタイム性を反映して、次のような傾向がある。

---

[12] (17b)のような主節部の分離と後置については第2章で取り上げる。
[13] 現象の多面性という観点から、断片化した do you think? の働きを談話分析の中で理解することもできる。例えば、Carter and McCarthy (2006: 837)では、do you think? は、話者の転換(turn-taking)のシグナルの働きがあるという指摘がある。

(18) 《SL の発話の傾向性》
　　a. まず頭に思いついたことを口にする
　　b. 言ったことにつなげていく
　　c. 足らなかったことを補っていく
　　d. 言ったことを直していく

　(18a)は会話の出だしにおける傾向性である。SL では、伝えたいことがすべて整理されてからことばが出るのではなく、伝えるべき思考内容の形成と発話がほぼ同時進行で起こる。こういう場合、まず関心の程度や印象が強いことから口に出てくる、といった素朴な特性が現れる。例えば、(16b)では、印象としての叙述的判断が、(17b)では、彼が来るかどうかという関心の対象が先行している。また、(5a)では、自分も銀行の窓口係をしていたという事実がまず口に出されている。それぞれの現れ方には相違があるけれども、思考がすべて完了し、それを表す文法的な構造が最終的に出来上がってから、最初の発話がなされているわけでは決してない。発話やコミュニケーションがリアルタイムで進む場合は、黙っていることはできず、まず口からことばを出さねばならない。(18a)は、そういった事情を表す傾向性である。

　(18b)と(18c)は、(18a)を補完するような傾向である。SL では、いったん口に出たことは取り消すことはできず、発話を「続けていく」という選択肢しかない。書きことばのように、消しゴムで消す、マウスで選択して消去、というわけにはいかない。(18b)は、文法上で許容される範囲で付加していく傾向を示す。また、口に出した内容が不十分であれば、(18c)の原理にしたがって、不足するものを補っていく。そして、つなげることでも、補うことでも、伝えることが整理できない場合は、(18d)にしたがって、思い切って、言い直す、という最後の手段を取る。こういった点については第 3 章で詳しく述べる。

1.5 SL の分析に向けて

　本章では、「話しことば」という用語がどういった言語を指しているのか、境界設定を行った上で、WL(書きことば)と比較しながら、SL(話しことば)の構造的な変化を概説的に見てきた。その中で、SL にあって、WL にない特性は、「場面性」と「リアルタイム性」であることを繰り返し指摘した。SL の理解にはこの 2 つはきわめて大切な特性なので、次章以降では、2 つの特性に基因する SL の特徴を具体的な事例に則して、個別に見ていくことにする。

　第 2 章では、ラジオドラマを分析対象として、SL の場面性・対面性に基因すると考えられる特徴の中から、特に「状況省略」、「タグ表現」、「場面に密着した表現」、「強調表現」といった 4 つの特徴を選んで考察する。そこでは、話し手と聞き手が場面を共有するがゆえに、発話が断片化したり、欠落したり、あるいは定形化したりする現象を分析することになる。また、第 3 章では、分析対象としてインタビュー素材を利用して、SL におけるリアルタイム性について考察する。インタビューには、インタビューされる側が質問に対して、その場で即座に想起的に語らなければならないので、リアルタイムの思考の流れがそのまま発話に反映されやすい。インタビューには時間に急かされて話さざるを得ない状況におけるさまざまな言語構造上の変化が観察されるが、その中でもとくに「挿入」、「繰り返し」、「構造変容」という 3 つのキーワードを軸にして考察を進める。

第2章

場面から離れられぬ運命
―― 場面性・対面性に関わる諸相について

　本章では、SLの特徴の1つである「場面性・対面性」に関わる諸相について考察する。SLの「場面性」とは、話し手と聞き手がことばのやりとりを行うときに、両者で時空間が共有されている特性を表す。また、「対面性」は、原理的には場面性に含まれる特性の1つであるが、とくに発話が聞き手を目の前にして起こる特性を指すものとする。これらの特性は、場面状況内で存在している物理的な事物の共有ばかりではなく、言語的な知識やコンテクストの共有も包摂した広い概念として考える。

2.1 対面での会話の事例観察

　典型的な対面のやりとりをラジオドラマの事例で見てみよう。(1)は、商売がうまくいかない質屋の主人のCastle氏のところに、顔なじみのGomly夫人がガラクタのガラス瓶を「家宝」だと言って、金を借りに来る場面である。

(1) 01Gomly: Mr. Castle.
　　02Castle: How are you, Mrs. Gomly?
　　03Gomly: Er . . . just . . . just fine, Mr. Castle.
　　04Castle: Good . . . , glad to hear it.
　　05Gomly: Er . . . how have you been?
　　06Castle: Oh . . . can't complain.

07Gomly: Been having a lot of rain, haven't we?

08Castle: What? Oh, yes, quite a bit of rain for this time of year.

09Gomly: Well, it's er . . . , it's good for the flowers.

10Castle: How's that?

11Gomly: Good for the flowers, the rain, that is . . .

12Castle: Yeah, very good for flowers.

13Gomly: Um, an heirloom today, Mr. Castle.

14Castle: An heirloom, Mrs. Gomly, you don't say.

15Gomly: Oh, yes. Mr. Castle. Been in my family for years . . .

16Castle: Has it now?

17Gomly: Years and years . . . , it's supposed to be very valuable . . . , hand-blown glass is what it is.

18Castle: Mrs. Gomly, it's just a plain old glass wine bottle. Do you know what it's worth actually? Nothing. Not even a deposit. If you could find the store where it came from, that's what they'd give you, nothing.

19Gomly: I . . . could let it go for a dollar?

20Castle: Mrs. Gomly, if I could spare a dollar, I'd give it to you, believe me, I would. But things have been rough here. The pawnshop business isn't what it used to be. I'm so in debt myself.

21Gomly: I see.

22Castle: Wait a moment.

23Gomly: Yes . . .

24Castle: One dollar it is then. I wish it could be more, Mrs. Gomly, I really do.

25Gomly: God bless you, Mr. Castle. I can kiss you . . . .

(TZ23)

この対話には場面性に基因する種々のSLの特徴が含まれている。本章で

は、主な特徴として以下の4つを取り上げて考察する。

　まず、もっとも顕著な特徴は、例えば、(2)で見られるような《文法的要素の消失》である。(括弧部が消失していると考えられる要素)

(2) a. [04]Castle: (It's) Good . . . , (I'm) glad to hear it.
　　b. [13]Gomly: (I have) An heirloom today, Mr. Castle.
　　c. [15]Gomly: Oh, yes. Mr. Castle. (It's) Been in my family for years . . .

SLでは、場面から復元可能な文法要素が言語化されずに、消えてしまうことがよくある。このような消失をとくに「状況省略」という。状況省略は2.2節で取り扱う。

　次に顕著な特徴は、さまざまな形での文断片の出現である。例えば、(3)の下線部である。

(3) a. [07]Gomly: Been having a lot of rain, haven't we?
　　b. [16]Castle: Has it now?
　　c. [24]Castle: . . . I wish it could be more, Mrs. Gomly, I really do.

(3a)は付加疑問の例で、文尾の付加部を「タグ(tag)」と呼ぶ。SLには文断片の「タグ表現」が頻繁に現れて、顕著な特徴となっている。タグ表現は2.3節で取り扱う。

　3つ目の特徴は、発話の場面に密着した定型的表現の存在である。人の日常的な活動は一般に定型化しており、現実の場面での言語使用であるSLでは、それに応じた言語表現の定型化が顕著である。例えば、(4)の下線部に見られる。

(4) a. [06]Castle: Oh . . . can't complain.
　　b. [10]Castle: How's that?
　　c. [14]Castle: An heirloom, Mrs. Gomly, you don't say.
　　d. [15]Gomly: Oh, yes. Mr. Castle. Been in my family for years . . .

(4a)は How are you? といった挨拶への定型的な応答の1つである。(4b)

は聞き返しの定型表現である。(4c)は相手が意外なことを言ったときの定型的な反応表現である。(4d)は、日本語で言えば「我が家に代々伝わるもので...」といった意味の定型化した表現である。このような定型的な表現については 2.4 節で取り扱う。

最後に、SL では、対面する人への感情的な関わり度が WL に比べてはるかに高い。そのために強調表現が多くなる傾向にある。(1)の対話では、この特徴が顕著に表れているとは言えないが、例えば、(5)の下線部の事例が相当する。

(5) a. [17]Gomly: Years and years..., it's supposed to be very valuable..., hand-blown glass is what it is.
　　 b. [18]Castle: (...) Nothing. (...), that's what they'd give you, nothing.

これは構造面で語順が関与する強調表現と考えられる。2.5 節では、SL で見られる強調の中でも構造的変化を持っている事例を見る。

2.2 「状況省略」について

2.2.1 文法論の中の「省略」

「省略(ellipsis)」は「消失(omission)」と呼ばれる言語現象の 1 つで、さまざまな言語学的レベルで観察される。わかりやすいのは音韻論での音消失・音脱落で、その場合は elision と呼ばれている。しかし、本論で述べる消失は文構造上の要素が消失する現象で、ellipsis という用語が当てられている。

省略はいくつかの下位カテゴリーに分けられる。Quirk et al. (1985)は、省略を「構造省略(structural ellipsis)」、「テキスト省略(textual ellipsis)」、「状況省略(situational ellipsis)」の 3 つに分類している。構造省略は関係代名詞の省略や think や believe などの認識動詞の補文標識 that の省略といった例である。他方、テキスト省略は文法構造上で何らかの平行性が存在するときに発生する省略で、比較的広範囲に観察される現象である。テキスト

省略は文法構造と密接に関わるため、これまでの省略研究では根幹的な現象とみなされ、省略研究の中心であった。それに対して、状況省略は発話の場面に随伴して観察され、また、発話の不完全さの一要素にすぎないといった印象を与えるので、言語研究の重要な対象とは考えられてこなかった。しかしながら、SL の文法では状況省略の考察は避けて通れない。

状況省略の議論に入る前に、比較のためにテキスト省略について概観する。(△の箇所で文法的な要素の省略がある)

(6) a. He squeezed her hand, but △ met with no response.
b. She looks older than my mother △.
c. A: When are you going to leave?
B: △ Next Friday.

(7) a. John ate a fish and Bill △ a steak.　　　(gapping)

（荒木・安井 1992: 579）

b. He is writing something, but you can't imagine what △. (sluicing)

（荒木・安井 1992: 1365）

(6)は学校文法でもよく見られる構造で、それぞれ等位構造、比較構造、応答文での省略である。(7)は生成文法等で名称が与えられている現象である。いずれも文法構造上で何らかの平行性が認められる環境で起こっている。(6a), (6b)と(7)は WL にも見られるので、SL の特徴とは言えない。ただし、(6c)は、応答で発生する省略という点では、後述の状況省略と似ているが、原則として、文法構造上の平行性を必要とする。テキスト省略では、文法構造上の平行性により省略された要素が文脈から復元されるが、状況省略では、話し手と聞き手が共有する場面や言語知識から復元される。ゆえに、(6c)のような省略と状況省略は基本的に区別されるべきである。

2.2.2　状況省略の分布

状況省略の系統的な分類を試みる。「状況省略」という用語は、Quirk et al. (1985) (以下、CGEL)で使われて、その後の SL の研究である Biber et al. (1999) (以下、LGSWE)や Carter and McCarthy (2006) (以下、C&M)も同じ

用語を使っている。ただし、どういう現象を状況省略と考えているかは論者で微妙に異なっている。それぞれ独自の項目立てを行っている3つの文献の記述を横断的に整理して、状況省略の分布状況を概観する。

3つの文献が挙げる事例について、(8)の基準で整理して並べると、表1のようになる。

(8) a. 文の形式(陳述文か疑問文か)
　　 b. 主語の人称代名詞の種類(一人称、二人称、三人称およびit/there)
　　 c. 第一助動詞(operator)の同時消失の有無

表1: 状況省略に関する先行文献のまとめ

	省略の起こる文法的な要素	CGEL	LGSWE	C&M
①	陳述文で、一人称主語	○	○	○
②	陳述文で、一人称主語とOP	○	○	*
③	陳述文で、二人称主語	○	*	○
④	陳述文で、三人称主語	○	*	*
⑤	陳述文で、it	○		
⑥	陳述文で、itとOP	○	*	○
⑦	陳述文で、存在のthere	○		
⑧	疑問文で、二人称主語とOP	○	*	○
⑨	疑問文で、三人称主語とOP	○	*	*
⑩	疑問文で、itとOP	○	*	*
⑪	疑問文で、存在のthereとOP	○	*	*
⑫	疑問文で、OPのみ	○	○	○
⑬	本動詞	△		○
⑭	冠詞			○
⑮	条件のif			○
⑯	定型表現			○
⑰	前置詞	△		

〈記号〉○: 事例が挙げてある項目、*: 区別して事例が挙げていない項目、△: 別の箇所で事例を挙げている項目; OP: 疑問文形成で倒置される第一助動詞

(8)を基準とした組み合わせのうち、すべてのパターンが存在するわけではない。また、可能な選択肢の中でも発生の分布には偏りがある。偏りの

存在は現象が偶然ではなく、何らかの仕組みのもとで生起していることを示唆する。以下では、状況省略は決して無秩序な現象ではなく、一定の法則性・傾向を持つことを見てみたい。

　表1を見てみると、C&M は状況省略の項目がもっとも多いが、逆に射程を広げすぎている。他方、LGSWE は抑制的だが、これは LGSWE が4つの使用域についてのコーパスによる差異比較研究であって、SL にしか存在しない状況省略は比較の対象としては価値が低いとみなされているからであろう。以下では、(8)の基準の射程内にある①から⑫を網羅している CGEL の例を批判的に検討しながら考察する。⑬から⑰については、2.2.5 で非典型的な例として簡単に触れるに留める。

　(9)から(22)までの例は、主に CGEL の事例を①から⑫に沿って並べ替えたものである。(ただし、CGEL で記載されている区分とは一致しない)

(9) 陳述文で、一人称主語 / ①

 a. △ Beg your pardon.

 b. △ Told you so.（「言ったでしょ」）

 c. △ Wonder what they're doing.

 d. △ Hope he's there.

 e. △ Don't know what to say.

 f. △ Think I'll go now.   (CGEL: 896)

場面の定型化が進んだ(9a), (9b)を除くと、一人称代名詞の状況省略は、(9c)から(9f)に見られるように、認識動詞類で発生しやすい。you が認識動詞の主語になることは、話し手が他者の心の中の認識を断定していることになるので不自然であり、ゆえに、ここでは I の一義的な復元が可能となる。

　一人称主語が OP とともにあるときは、同時に消失する。

(10) 陳述文で、一人称主語と OP / ②

 a. △ Sorry I couldn't be there.

 b. △ Afraid not.

 c. △ Never seen it before.   (a, b は (CGEL: 897) より)

省略されるのは、いずれも主語と縮約する OP に限られる。一般に、(9)よりも(10)の出現頻度が高い。

次に、二人称主語の状況省略を見る。CGELでは、(11a)と、(11b)、(11c)を分けて、前者は you が省略された「陳述形疑問文(declarative questions)」、後者はタグのついた「陳述文(statements)」である、と述べている。

(11) 陳述文で、二人称主語 / ③
 a. △ Want a drink?
 b. △ Want a drink, do you?
 c. △ Had a good time, did you?　　　　　　　　(CGEL: 896)

(11)は CGEL の記述をわかりにくくしている。その原因は、CGEL は構造上の分類に焦点を置いており、陳述文と疑問文の機能上の違いを分けずに記述しているからである。重要なことは、二人称代名詞の状況省略は《疑問》のときに発生するのであって、《陳述》では原則として発生しない、ということである。(11)の各例は、形式は何であれ、音調は上昇調の疑問になる。また、(11b)、(11c)は後述する同極性の付加疑問文で、状況省略とタグ表現とが混在した特異な表現である。

(8b)の基準にあるように、状況省略は主語代名詞で下位区分すると、実態がわかりやすい。状況省略は場面性のある SL で見られる省略である。発話場面では一人称と二人称の指示対象は必ず存在する。したがって、それらは一義的に復元できるので、聞き手への負荷が低い。しかしながら、三人称代名詞 he/she/they については、指示対象を聞き手が特定しなければならず、復元の負荷が高いので、一人称や二人称より発生頻度が非常に低い。

(12) 陳述文で、三人称主語 / ④
 a. (He/she) Doesn't look too well.
 b. (He/she/they) Can't play at all.　　　　　　(CGEL: 897)

しかし、まれであることは確かだが、(12)のような例は実例として存在する。CGEL が挙げている例は否定語がついた OP だけだが、必ずしも否定

語とともに使われるわけではない。一般に、三人称代名詞が省略される場合は、話題として談話中にあるものに限定されているように思われる[1]。そのような文脈がなければ、(12a)は it, (12b)は I の状況省略として理解されるだろう[2]。

　非人称代名詞 it の状況省略は発生頻度がきわめて高い。英語では非人称代名詞 it はその虚辞的性質から構造的に補われるため、場面における復元負荷が低いからであろう。

　(13) 陳述文で、it / ⑤

　　　a. △ Serves you right.

　　　b. △ Doesn't matter.

　　　c. △ Looks like rain.

　　　d. △ Must be hot in Panama.

　　　e. △ Seems full.

　　　f. △ Makes too much noise.

　　　g. △ Sounds fine to me.

　　　h. △ Won't be any use. 　　　　　　　(CGEL: 897)

非人称代名詞 it には多様な用法があるが、用法の違いとは無関係に状況省略が可能である。また、(13)の例はそれぞれある程度の定型性が認められる。

　it に be 動詞が後続すると、(14)のように、be 動詞は義務的に省略される。これは音声的な縮約と関係する。強勢を置いたからといって、(14)で

---

[1] 例えば、(i)の対話では、三人称代名詞が省略されていると考えられる。ここでは△は話題である。
　　(i)　A: "I have a friend."
　　　　 B: "Um, you don't say."
　　　　 A: "△ Works on a used book store around the corner."
　　　　　　　　　　　　　　　　　　　　　　　　　　　(TZ25)

[2] 例えば、以下の事例は文脈上では I の省略である。
　　(i)　a. "△ Can't quite put it into words...."
　　　　 b. "△ Couldn't get to meet a driver all the way...."
　　　　　　　　　　　　　　　　　　　　　　　　　　　(TZ17)

be 動詞だけが残ることはない[3]。

(14) 陳述文で、it と OP / ⑥
   a. △ Good to see you.
   b. △ No use worrying.
   c. △ No wonder she's late.
   d. △ Odd he won't help us.
   e. △ Shame he's late.
   f. △ Not that I mind.（「かまいませんよ」） (CGEL: 898)

(14e) は、省略部△＝it's a である。(14) のほとんどは定型的な表現になっている。(14c)～(14e) では that も消失している。(14c) の No wonder には副詞化の傾向が認められる。

次に、存在の there の省略である。There 文でも OP として be 動詞だけが残る例はなく、法助動詞等がある場合にのみ、省略が生じる[4]。

(15) 陳述文で、存在の there / ⑦
   a. △ Ought be some coffee in the pot.
   b. △ Must be somebody waiting for you.
   c. △ May be some children outside.
   d. △ Won't be anything left for supper. (CGEL: 897)

won't はあるが、単独の will は残らない、と CGEL は記述している。これは there will の連鎖は、SL では There'll と縮約するからである。一般に、主語と縮約可能な助動詞は同時に省略される[5]。

---

[3] be 動詞が残る例は、2.2.6 で触れるタグと混合した短い応答の形式だけである。

[4] 次のような法助動詞に準ずる表現も残る。
   (i) a. △ *Appears to* be a big crowd in the hall. (CGEL: 897)
       b. △ *Seems to* be a miscommunication between them.
       c. △ *Used to* be a good restaurant around here.

[5] ただし、would は縮約可能であるが、主語と一緒に消失した場合、be 動詞が単独で残ってしまうので、would が消えることはない。

ここまでで観察できる事実についてまとめると、次のようになる。

(16) 陳述文においては、
    a. 一人称代名詞の状況省略は、主として、認識動詞などで発生する。
    b. 二人称代名詞の状況省略は、原則として、発生しない。
    c. その他の主語代名詞および there の状況省略は、復元可能性が高ければ発生する。
    d. OP が主語代名詞と縮約可能ならば、ともに省略される。
    e. OP が縮約不可能なとき、OP は単独で残る。

(16d) と (16e) から、主語を残して縮約可能な OP だけが消失することはない、ということになる。状況省略は、場面のある SL における発話労力の節減といったストラテジーであって、文法規則のようなものではない。したがって、(16a) や (16b) の原則に反する事例も、文脈で誤解が生じない限り発生する[6]。

    Swan (1980: 197) は、(i) は電報文などで見られるが、SL では不可能で、(ii) のように助動詞部まで省略される、と記している。
  (i) a. *Have* seen him.
      b. *Will* see you soon.
      c. *Am* coming tomorrow.
  (ii) a. Forgotten your name.
      b. See you soon.
      c. Coming tomorrow.

[6] Swan (1980: 197) は、陳述文の二人称省略について、意味がはっきりしているときは可能であるとして、次例を挙げている。
  (i) a. Can't go into there.
      b. Need your oil changing.
      c. Have to wait a bit, I'm afraid.
      d. Keeping well, I hope.
これらはいずれも命令文として理解されることはない。また、(id) は You're の省略である。
    文脈上あるいは構造上で命令文と解釈されないとき、(16b) を破る例はたしかに存在する。(ii) は、宝石店の店主 (A) と閉店間際にやって来た怪しげな男 (B) との会話である。(iii) は、軽い交通事故を起こした女性 (A) と車の整備士 (B) との会話である。

さて、疑問文の例を見てみよう。まず、一人称主語代名詞が疑問文で省略されることはほとんどない。自分自身について相手に聞く事態がまれなために、省略要素の一義的な復元が困難であるからである。一人称の省略は、聞き返しの場合を除いて、原則的に存在しない[7]。

次に、二人称の状況省略である。(17)は、二人称主語代名詞が倒置された OP と同時に消失している例である。このパターンは非常に多い。

(17) 疑問文で、二人称主語と OP／⑧
    a. (Are you) Happy?
    b. (Are you) Afraid of him?
    c. (Are you) Hot?
    d. (Are you) In trouble?
    e. (Do you) Want some?
    f. (Are you) Looking for anybody?
    g. (Have you) Got any chocolate?
    h. (Have you) Ever seen one of these?　　(CGEL: 898)

(18) A: "(Did you) Find anything?"
    B: "No, at least nothing that moves."　　(TZ09)

二人称代名詞の状況省略に関しては、陳述文と疑問文では著しい対比がある。状況省略は発話場面の存在を前提にしており、そこでは常に眼前に you が存在している。そのような場面での疑問文は、you に対して投げかけられていると考えるのがもっとも自然であり、それゆえに省略の出現頻度も高い。疑問文で二人称主語代名詞が省略されやすいのは、もっとも場面か

  (ii) A: "We're closed."
      B: "△ Don't look like that."　　(TZ01)
 (iii) A: "I guess I wasn't paying attention."
      B: "It happens.　△ Got to keep your eyes on the road, though."
　　　　　　　　　　　　　　　　　　　　　　　(TZ17)

[7]　次のような聞き返しの場合は一人称の省略は可能である。
  (i) A: You look very young.
     B: △ Look young?　Me?　Oh, you're kidding.　I'm over 50.

らの復元負荷が少ないからである。また、現在形が多いのは、発話時点の時制のほうが復元の負荷が少ないからである。しかし、(18A)のように、過去形のOPの省略も文脈が許せば存在する。上昇調で発話されるので命令文とは解釈されない。

次に、三人称代名詞、非人称代名詞およびthereの例を見てみる。

(19) 疑問文で、三人称主語とOP / ⑨
 a. (Is she) In trouble?
 b. Why can't he get up? (Is he) Too weak?　　　(CGEL: 898)

(20) 疑問文で、itとOP / ⑩
 a. (Is it) Hot?　　　(CGEL: 898)
 b. (Is it) Good?

(21) 疑問文で、存在のthereとOP / ⑪
 b. (Is there) Anyone in?
 c. (Is there) Any coffee left?　　　(CGEL: 898)

(19)も出現頻度は低いが、場面で復元可能な条件があれば、存在する形式である。(19b)のように、典型的には談話上で話題になっている場合が多い。(19)や(20)は場面への依存性が強い。もし文脈から抜き出すと、指示解釈が混乱してしまう。もし文脈から切り離されれば、youの省略として理解される可能性が高い。また、(21)のような場合は、コンテクストから抜き出してしまうと、do you haveといった部分が消失していると誤解されることもあると思われる。

次に、主語を残したままOPだけが消失する例である。

(22) 疑問文で、OPのみ / ⑫
 a. (Is) Anything the matter?
 b. (Is) Nothing coming?
 c. (Is) That you, Shirley?（「シャーリー、あなたなの？」）
 d. (Does) Anybody need a lift?
 e. (Has) Joanna done her homework?

　　　　f.（Are）You hungry?　　　　　　　　　　　　　　（CGEL: 899）

(22)のパターンでは、主語に強勢が置かれるという特徴がある。(22f)のような人称代名詞においてさえも強勢が置かれる。もし you に強勢がない場合は、are you 全体が省略されて、(17)のパターンになる。

　疑問文で観察されたことをまとめると、次のようになる。

(23) 疑問文においては、
　　a. 一人称代名詞の状況省略は、原則として、発生しない。
　　b. その他の主語代名詞および there の状況省略は、復元可能性が高ければ発生する。
　　c. OP が主語代名詞と縮約可能であれば、ともに省略される。ただし、主語に強勢があるときは、OP は消えても、主語は残る。

　本節では、陳述文と疑問文に分けて、典型的な状況省略を見てきた。一般論としてまとめると、次のようになる。

(24) 典型的な状況省略の特徴
　　a. 状況省略は文法的な構造からの要素の省略である。
　　b. 消失する位置は発話の先頭部にある。
　　c. 消失する要素は代名詞や助動詞などの機能語である。
　　d. 消失する要素は主語および主語と縮約が起こる助動詞類である。

(24a)は、状況省略された形式は文法的な文の存在を前提にしていることを保証する。(24b)と(24c)から「文頭から初めての強勢が置かれる語の前まで」が状況省略される。機能語でも、法助動詞の場合や否定辞がある場合には OP は省略されない。(24c)と(24d)は場面からの復元負荷量に関係している。発話場面には、I と you の指示対象である話し手と聞き手が存在するので、この2つの主語はもっとも復元負荷が低い。一方、he/she/they の指示対象は場面の中で、個々に特定されるべきものなので、復元負荷が著しく高い。そして、代名詞以外の語になれば、復元は本来的にはできないので、状況省略は起きない。他方、機能語主語の it/there は、言語

構造からの復元なので復元負荷はもともと低い。同様に、現在形以外の時制は有標的なので省略されにくい。つまり、一人称と二人称代名詞および現在時制は場面からの復元負荷が低く、その他の人称代名詞や時制形式は個別的に特定されなければならない情報を担っているので、省略されにくくなる。

2.2.3　状況省略の発生要因

　状況省略はSLにおいてのみ観察され、小説などの書記体で見られても、それはSLであることを意図した箇所である。状況省略の発生理由はSLの特性の中に求められるべきである。ここでは、情報処理と音調面から考察する。

　まず、情報処理の点から考えてみる。言語の産出・理解を情報処理プロセスと見れば、リアルタイムでは情報処理の負荷ができるだけ軽いほうがよい。処理の負荷が重ければ、それだけ時間がかかり、リアルタイムの処理がついていかなくなるからである。そのため、互いに了解しているところは言語化しないほうがよい。話し手と聞き手が「互いに了解しているところ」は伝達されるべき内容でなく、伝達の際に機能語で構成される部分である。典型的な状況省略が機能語部分に起こるのはこのためである。状況省略では一般に、それが起こっている箇所において、「省略」された感覚（欠落感）は聞き手側には発生していない。文構造が断片的になっているにもかかわらず、その場でやりとりをしている当事者には欠落感はまったくないことは、状況省略の本質的な特徴で、たいへん興味深いところである。しかしながら、場面から切り離して、例えば、例文として与えられると、慣用的に固定化した状況省略でない限り、本来はここに何かあるべき、といった欠落感が発生するようである。このような事実は、実際の場面での言語理解が、単に言語化された要素だけに基づいた受動的な情報処理をもとにしているのではなく、欠落部分を場面から補完するというような聞き手側の能動的なプロセスにも依拠していることを示している。

　次に音調面を考えてみる。SLには発話の場面があり、そこでは音声が必ず介在する。状況省略は、原則として、発話冒頭部に集中するが、この特

徴には音声面からの影響がある。英語では、1つの強勢から次の強勢までが、リズムの基本単位である脚(foot)を構成する。ふつう強勢が置かれる語は内容語で、機能語は弱化されやすい。例えば、Do you like her bag? の場合、文末の bag に第一強勢、途中の内容語の like に第二強勢がくる。冒頭部の do you は、音調群では強勢の置かれた脚を構成する前頭部に相当する。この脚前頭部は音声上弱化され、かつ短く低いピッチで発音される。この傾向の延長線上で状況省略が起こると考えられる。一方、脚前頭部以外の音声弱化部は強勢と強勢の間の谷間を構成して、リズムの構成を担うという存在理由があるので、音声上は弱くなるが決して省略にはつながらない。このように、英語の発話のパターンの中で、状況省略が冒頭部に発生しやすいことには音調面で明確な理由があり、「互いに了解されているところ」という理由だけで発生するわけではない。英語においては、発話冒頭部の機能語類が言語構造上共有される知識であることが多く、そして、それが英語特有の音調構造と相まって状況省略が発生しやすくなると言える。

2.2.4　状況省略の特異な分布
反応的疑問文

　(22)には、he や she 等を残して OP が省略される例がない。このパターンはほとんど見られないが、ある種の文脈が整っていれば可能な形式である。作例で考えてみる。

(25)　A: Mary and I are going out tonight, but since she's a vegetarian, I have no idea where to take her. You have any ideas?
　　　B: ＿＿＿＿＿＿＿＿
　　　A: No, she doesn't.

(26)　a. Does she eat fish?　　　[標準的な疑問文]
　　　b. She eat fish?　　　　　[状況省略文]
　　　c. She eats fish?　　　　　[陳述形疑問文]

(25B)に出現する形式として3つを考えてみる。(26a)は情報を求める標準的な疑問文である。一方、(26b)は、発話冒頭部で does が省略されている

と判断され、状況省略文である。(22)と同じく、主語 she に強勢がある。(26a)と(26b)は情報的にはほぼ同じ意味だが、状況省略文は「とっさに思いついた衝動的な質問」である場合が多く、それだけ状況依存的である。この形式は「即座に反応して浮かんだ」という意味で「反応的疑問文(responsive questions)」と名づける。反応的疑問文は長い質問文であることはなく、短さ(brevity)といった特性を持った質問である。

　ちなみに、(25)の文脈環境では、(26c)の陳述形疑問文は不自然である。陳述形疑問文は、先行する文脈から話し手が推論したことについての確認や驚きの表明を表すので、通常の疑問形の疑問文より発生文脈が狭い。(25)では、先行する文脈で魚を食べることが前提とされているとは言えないので、陳述形疑問文は不自然なのである。

　したがって、陳述文を上昇調で発話すると疑問文となる、といった説明は不正確で、実際は標準的な疑問文と陳述形疑問文には使われる文脈において違いがある。その違いに気づく可能性が低いのは、陳述形疑問文は場面性のある SL で現れて、多くの場合は先行する文脈で推論したことを聞いているからである。この違いを理解するために、次例を参照して欲しい。

(27) A: My 18-year-old daughter went to a bar last night. She ordered Jack Daniel.
　　 B: <u>She drinks whisky</u>?
(28) A: I got two bottles of Jack Daniel, but I don't like whisky. How about your dad? <u>He drink whisky</u>?
　　 B: Oh, yeah, he loves it.

(27)は、A の発話によって、聞き手 B が A の娘がウイスキーを飲むと推論し、それを A に対して確認している、あるいは軽い驚きを表明しているもので、陳述形疑問文である。ここでは、標準的な疑問文(Does she drink whisky?)も、また反応的疑問文(She drink whisky?)も可能である。知らない情報を求めていると解釈できるからである。しかしながら、(28)の下線箇所で、陳述形疑問文(He drinks whisky?)は不自然である。なぜなら、A は初めて B の父親についての情報を求めているのであって、導いた推論を確認し

存在しない状況省略

(16)で述べたように、主語が残ったままでOPが省略される形式は陳述文にはない。つまり、(29)の意味で、(30)のような状況省略はない。かりに主語に強勢を置いたとしても許されない。

(29) a. He's listening to the radio.
　　 b. Everybody's happy.
　　 c. John's never seen them.

(30) a. He △ listening to the radio.　　(△＝is)
　　 b. Everybody △ happy.　　(△＝is)
　　 c. John △ never seen them.　　(△＝has)

(30)が上昇調で発話されれば、(22)の疑問文パターンとなり、状況省略としてはかなり頻繁に出現するが、下降調では存在しない。

しかしながら、それは標準英語でのことである。(30)の形式の陳述文は、黒人英語(African-American vernacular English / Ebonics)でよく見られる。標準英語において、(30)のような形式が見られないのは、状況省略のパターンからは説明が困難であり、社会言語学的な要因が働いていると思われる。ちなみに、(30a)のようなbe動詞の消失形式は、英語学習者が進行形を学

---

[8] 形式だけを見ると、反応的疑問文は「非難の不定詞(infinitive of deprecation)」(Jespersen (MEG V: 328), 安藤(2005: 227))と呼ばれる用法と類似する。以下は、安藤(2005: 227)より。
　(i) a. What? *I* seek a wife! (何だって？　僕が妻を捜してるって！)
　　 b. *A Feverel* beg his pardon!
　　　　　　(フェヴェレル家の者が、あいつの許しを請うだって！)
しかしながら、この例は反応的疑問文の音調パターンとまったく異なる。(i)は、主語と述部の間にかなりはっきりしたポーズがあり、主部と述部のいずれにも強勢があり、それぞれ上昇調で発話される。したがって、2つは別のメッセージ単位である、と考えられる。Jespersenによると、(i)は、主語と不定詞句を並べて、両者の結合は不可能である、そういう命題は成り立たないことを伝えるという。

んだときに出現する教育誘発性の間違い(induced errors)の1つであるので、注意が必要である。

2.2.5 非典型的な省略事例

2.2.2では、表1の①から⑫の状況省略の典型例を考察した。本項では表1の⑬から⑰について簡単に触れる。

以下に見られる冒頭部の冠詞類の消失は、音声弱化要素が消失する典型的な状況省略と同一線上にあると考えてよい。

(31) 冠詞 / ⑭

    a. (The) Trouble is there's nothing we can do about it.

    b. (The) Fact is I don't know what to do.

    c. (A) Friend of mine told me about it. (CGEL: 899)

CGELによると、これらは典型的なものよりも若干生産性が落ちて、定型性が強い事例に見られる、という。また、(31c)では、of mineの部分が不可欠である、と述べており、冠詞の状況省略にはまだ不明の制約がある。

しかしながら、場面で指示対象が明白な場合、定冠詞が省略される傾向はしばしば観察される。

(32) a. "There. (*The*) Radio should be OK...." (TZ11)
      (「(破損した車の前で)ほら、ラジオは大丈夫のはず...」)

    b. "Go ahead. (*The*) Phone's on the wall in the kitchen." (TZ11)
      (「どうぞ、電話はキッチンの壁のところにあります」)

ただし、(32)のような冠詞類の消失は、ある種の直示性と関係があるようで、SLであっても広く観察されるものではない。

冠詞類と同じく、前置詞は強勢を受けないので、先頭部の前置詞は弱化傾向にあり、そのため消失することがある。

(33) 前置詞 / ⑰

    a. A: Where does she live?

B: Don't know.（In）The south I think.
   b. A: Where's the post office actually?
      B:（At the）Top of Churchill Street on your right.

その意味で、これらは状況省略と同一線上にある事例である。しかしながら、C&M (p. 188) は、さらに次のような先頭部ではない場合も状況省略としている。

(34) a. I've got to make a number of trips this May,（to）Dubai,（to）Hong Kong,（to）Berlin just for starters.
   b. She's been like that（for）two or three days a week.
   c. Why don't you both pop round（on）Saturday evening?
   d. He's（at）the same level as you.
   e. They have no place to go（to）.
   f. You've got less than an hour（in which）to finish the job.

(34)の諸例を状況省略と同一に並べることは問題がある。これらの前置詞消失には、状況省略とは別の、前置詞に特有の問題があり、区別しておきたい。例えば、(34b), (34c)は前置詞省略による名詞表現の副詞化の例である[9]。実際、CGEL は前置詞消失を言語的な情報で復元できる構造的省略に分類している[10]。

C&M (p. 186) は本動詞の省略として、次例を挙げている。

(35) 本動詞 / ⑬
   a. Hands up.
   b. Everyone into the garden. We want to take a photo.

---

[9] (34a)は列挙されており、前置詞が必須の要素とは言えない。また、(34b), (34c)は、時間表現名詞の副詞用法化である。この副詞化は SL での傾向はあるが、状況省略の仲間に入れることは困難である。(34d), (34e)は、the same あるいは place などの語彙的な要因による前置詞の消失と考えられる。(34f)は、前置詞付き関係代名詞の省略の例で、別の文法現象であろう。

[10] CGEL が状況省略の例としている前置詞消失は、次例だけである。
   (i) （Of）Course he's there.

        c.　Mr Ken Wilson to airport information, please.

(35)には方向・経路を表す副詞表現が含まれている。発話場面では、この副詞表現を契機として、移動の意味が補われて、その動きを求める命令の発話の力 (illocutionary force) が生じる。(35a) は逮捕や発言を求めるとき、(35c) は館内放送の定型的表現である。場面から意味が補われることや定型性があることから、(35)はたしかに状況省略と似ている。しかしながら、典型的な状況省略の場合、場面から復元されるのは指示対象で、動きの意味ではない。また、動詞の消失は発話冒頭部の音声的な弱化とは言えない[11]。

C&M (p. 187) は条件節の if が省略されるとしている。

(36) 条件の if / ⑮

        a.　△ They turn up at any point, just let me know.
        b.　△ You want anything else, just help yourself.

発話冒頭部の機能語の省略であるから、ある意味で状況省略と通じている。しかし、(36)では主語代名詞までは省略されていない。実のところ、and や so などの順接接続詞や because などの従属接続詞は、SL では言語化されないことがある。接続詞の省略は発話をキビキビさせる傾向があるので、そういった傾向の 1 つとしてみなしておきたい[12]。

C&M の⑯の定型表現の状況省略は、前節で述べた典型的な状況省略のいずれかのパターンに入る[13]。C&M で状況省略として挙げられている周辺

---

[11] 例えば、Put your hands up, I want everyone into the garden, Mr. Ken Wilson, go to airport information, please の下線部の省略である、といった分析ができるかもしれない。しかし、有意義な一般化を見いだすことは困難であり、また状況省略の概念を相当広げてしまう。なお、CGEL(p. 842)は、これらを「指示としての副詞表現(adverbials as directives)」と記述し、状況省略とは別に扱っている。

[12] Swan (2005: 261)に、SL での if 消失の言及がある。

[13] 定型的表現の状況省略⑯は次のような例である。
    (i) a.　(It's a) Good thing I remembered the umbrella.
        b.　Oh, (it's a) Good job I've left a little hole, then.
        c.　(There's) No point in . . . .
        d.　(It's) Not worth . . . . 　　　　　　　　　　(C&M: 187)

例には、広義の状況省略とされるべきものや状況省略とは本質的に異なるものなどが混在していると言える。

2.2.6　状況省略についてのその他関連事項
状況省略と定型化の親和性

　本章の冒頭で挙げた(1)を見ると、状況省略が前半部分に大量に発生しているが、後半部では少なくなっている。それは、前半が挨拶のやりとりだからである。人は日々の生活の中で同じような場面に繰り返して遭遇しており、場面が同じであれば同じような言語表現が繰り返される。繰り返される言語表現はやがて場面に特有な表現(formulae)となり、場面の発話行為と表現形式が分かちがたく結びついていく。例えば、人と人が出会えば挨拶を交わす。厚意を受ければ感謝を述べ("Thank you")、突然の訃報には弔意を表す("Sorry to hear that")。場面に応じてある表現形式が繰り返し発話され、そのたびに場面の影響で状況省略が起こっていれば、やがて状況省略が起こった形式それ自体が定型化してしまう。挨拶などの類型的な発話状況で状況省略が起こりやすいのはこのためである。

状況省略と目的語消失

　状況省略は場面状況から復元可能なある種の機能語類が消えてしまう現象である。だが、もし復元可能というだけで状況省略ができるのであれば、ある代名詞の指示物が場面状況から明らかなときは、その代名詞はいつでも省略できることになる。ところが、英語では、位置に制限されない広範囲な代名詞の省略は許されない。例えば、目の前のボールを蹴ろうとしている人に「蹴らないで」と伝えたいとき、(37a)が自然な表現で、(37b)は英語としては不自然である。同様に、「そのドアーはロックされている("The door is locked")。開けられないよ」といった意味に対応する自然な英語は(38a)である。

(37)　a.　Don't kick it.
　　　b.　Don't kick.

(38) a. You can't open it.
　　 b. You can't open.

　純粋に他者を必要とする他動詞では、場面状況からわかるからと言って、その目的語代名詞を省略することはできない。目的語消失は、対象そのものの消失であり、動詞の意味を変えてしまう。したがって、(37b)は「脚を動かすな」といったkickの動作を禁止する意味として、(38b)は「(店などを)開店できない」といった一般的な意味として解釈され、上記の文脈では不自然である。

　主語の状況省略と目的語の消失を比較してわかることは、主部と述部における絶対的非対称性である。主語代名詞は比較的広範囲に状況省略されるが、述部内の代名詞は、原則として、状況省略はできない。これは、ふつう発話がまず主語を取り上げて、それについて何かを述べるという命題構造を持っていることと関係がある。取り上げた主語は、その指示対象に曖昧性がなければ、省略可能である。しかし、それについて述べられた部分は、聞き手に与えられるべき情報であるから、互いに了解済みである、ということにはならない[14]。

極限的な状況省略

　名詞だけで発話が成り立つことがある。名詞句のみで何らかの意思伝達が可能になるのは、SLとWLとの根源的違いの1つである。例えば、waterという語が紙に書かれていれば、それは辞書の記載の如く、概念想起の働きしかなく、何の発話の力もない。だが、生身の人間が現実の発話場面で、"Water!"と叫べば、必然的に何らかの発話の力が発生する。そして、聞き手はwaterに伴って発生しうる可能な意味の1つを場面の中で了解する。

　多くの名詞表現は、実際の場面で発話されれば、単なる指示機能を担う

---

[14] 目的語消失は動詞の特性とも関係する。see/understand/knowなどの認識動詞は目的語消失を許し、ほとんど意味を変えない。他方、二重目的語動詞tellは、少なくとも1つは目的語がないと不自然である。実のところ、目的語消失の現象についてはまだ不明な点が多い。例えば、レシピやマニュアルなどでは頻繁に目的語消失があり、使用域も関係しているようである(CGEL: 847)。

だけではなく、場面の中で読み取られる発話の力 (illocutionary force) を持つ。その場面で読み取られる意味は、場面から切り離すと、一義的に復元できない。例えば、ある場面で "Door!" と叫んだ状況では、「開ける」のか、「閉める」のか、あるいは「蹴る」のか、そういう意味は場面の中で話し手と聞き手の双方で了解されることになる。名詞の指示対象以外の一切の意味は場面から補われる必要があるので、場面に強く拘束された「極限的な状況省略」と言える。

このような省略は、典型的な状況省略とはかなり異なっている。CGEL は、こういう事例を状況省略に分類せず、「非-文 (nonsentences)」として記述している[15]。場面から意味が復元されるという点において、非-文は状況省略の極限的な場合とみなすことができるが、原理としては分けて考えるべきであろう。

極限的な状況省略は SL では豊富に存在する。(39) は、名詞表現だけで発話行為が成り立つ場面で、括弧内の動詞表現が補われると考えられる。

(39) a. "(I have) An heirloom today, Mr. Castle."　＝(1)の13
　　　　（「今日は家宝を、キャスルさん」）

　　b. "Mr. Connelly, (ask) your question."　　　　　　(TZ46)
　　　　（「コネリーさん、質問を」）

　　c. "(Have) A cigar, Mr. Detrich?"　　　　　　　　(TZ37)
　　　　（「葉巻は？ デートリッヒ君」）

　　d. "(I'll give you) 200 bucks, extra cash in case if you get it fixed by tonight."　(TZ46)
　　　　（「200 ドルで、もし明日までに直ったら、追加料金も」）

　　d. (Show me your) License and registration.
　　　　（「免許証と登録書を」）

　　e. (Do you want some) Coffee?
　　　　（「コーヒーは？」）

---

[15] 非-文については、CGEL (p. 849) 参照。

意味の補いはその場の当事者のみが可能で、場面・文脈から切り離した言語表現の中に動詞的意味を見つけることは困難である。一般に、命令や指示である場合が多い。あまりに複雑な意味は場面から補いようがないからであろう。

主語を残した be 動詞の省略

2.2.4 では、陳述文で主語を残して OP のみが省略される例は、標準英語にはないと述べた。しかし、標準英語においても、be 動詞が消えているような形式が観察されることがある。例えば、眼前に同時進行で展開される状況を描写・報告するときに、次のように be 動詞が省略されることがある。

(40) a. Two torpedoes approaching rapidly.
    (「魚雷2発、急速接近中」)
   b. Ichiro running back, and back, ... makes the catch!
    (「イチロー、さがる、さがる、キャッチしました！」)

(40a) は、潜水艦内のレーダーを見ながら事態を即時的に伝えているような状況での発話で、そういった場面から切り離すことはできない。同様に、(40b) はスポーツ実況中継での発話である[16]。これらは非標準的な英語である印象はない。

一人称主語の状況省略

日本人英語学習者は、"Sounds good." のような状況省略には違和感はなくても、"Don't think he'll be coming." や "Can't see it." のような一人称主語の省略には抵抗感を覚えるのではないだろうか。しかし、後者の例は現実には珍しくはない。

---

[16] スポーツ中継では、現在分詞だけと現在時制とが混在することがある。一般に、瞬時的な場合は現在時制になり、持続的な場合は現在分詞だけになる。(e.g. "The runner turns the third, slides the home!"「ランナー、3塁を回って、ホームへスライディング！」)

一般に、陳述文の一人称代名詞の省略は話し手が心理的に打ち解けた場面で発生しやすいので、聞き手との心理的な距離を縮める効果と関係しているようである。逆に、一人称主語の省略された発話を聞けば、相手が心理的な距離を縮めてきたと感じられるので、自分も同じような状況省略を含んだ発話になりやすい。一人称主語の状況省略には、単純な音声面での音消失というよりも、社会言語学上の対人関係機能が重なっているように思われる。

状況省略は情報処理上の負荷から見た経済性の原理で発生するが、もしそれだけであれば、省略に伴う社会言語学的な変化は起こらないはずである。ところが、状況省略は情報の簡素化に加えて、ある種の心理効果を伴っている。お互いにわかっているから省略されるのであれば、逆に言えば、省略の存在は「お互いにわかっている」という態度の強化につながる。話し手は状況省略をすることで、お互いにわかっている、ということを聞き手にいわば強要するのであって、ある意味でそれだけ侵入的(intrusive)である。同胞・仲間意識がないときに、一方が侵入的であることは、他方に違和感を与える。一人称代名詞主語の状況省略が、話し手と聞き手で同胞・仲間意識が共有された打ち解けた状況で起きやすいのはこのためであると考えられる。

2.2.7 状況省略のまとめ

本節では、場面性・対面性に関わる欠落化現象の1つである状況省略を見てきた。状況省略は、無駄なことは言語化しないといった発話労力の軽減が主な原因と考えられるが、決して無秩序に起こるのではなく、やはり背後には一定の法則性がある。他方で、文法規則のように一定の条件がそろえば発生する、といったものではなく、場面の影響を受けつつ、話し手が談話遂行で取り得るストラテジーの1つである。

あるテレビ番組の話である。自分探しのアフリカ旅行で、英語は苦手だけれど、「単語を並べたらちゃんと通じて...」といった後日談を語る若者がいた。あるレベルのコミュニケーションでは、「単語を並べれば通じる」といった状況があることは確かで、その多くは場面の力によって補われる

極限的な状況省略の場合と言える。しかし、このような経験談から、コミュニケーションには文法はいらない、といった認識に至ることは不幸なことである。対面での言語使用であるSLを観察すると、たしかに表面的には欠落的で、断片的に見える。しかし、状況省略が生起する背後にはしっかりとした文法が働いており、決して無秩序な現象ではない。もっとも、存在するからといって、英語教育の現場では状況省略の存在をことさら強調する必要はないし、また、それを(慣用的な例を除いて)能動的に使えるようにする必要もないと思う。ただし、英語を教える者は状況省略について実態に即した理解をしておく必要があることは確かである。

2.3 「タグ表現」について

節構造の尾部に出現する種々の断片要素をタグ(tags)と呼ぶことがある。タグ表現は場面性・対面性のあるやりとりで頻繁に観察される現象で、SLの一大特徴となっている。本書では、タグ表現を、原則として、代名詞主語と助動詞で構成される機能語断片に限定して、その分布や働きについて考察する。

2.3.1 タグの分類

C&M (p. 547) は次の4つのタイプをタグ(斜字体部)として挙げている。

(41) Question tags　　　a. She's a teacher, *isn't she*?
　　　「疑問のタグ」　　b. I haven't shown you this, *have I*?
　　　　　　　　　　　　c. You've met David, *have you*?
(42) Directive tags　　　a. Shut the door, *will you*.
　　　「命令のタグ」　　b. Don't stay out too late, *will you*.
(43) Statement tags　　　a. I'm hungry, *I am*.
　　　「陳述のタグ」　　b. She was very kind, *Rita was*.
　　　　　　　　　　　　c. He's not so tall, *Jim isn't*.
(44) Exclamation tags　　a. How strange, *isn't it*!

「感嘆のタグ」　　　　b. What a laugh that was, *wasn't it*?

　タグは SL で広く観察される言語現象であるが、学校文法では何らかの構文形への付属物とされ、いわば周辺的な取り扱いを受けている。それは学校文法が基本的に WL を根拠においた文法論であることを反映していると思われる。

　本書では、タグを構文形に付属したものとみなすのではなく、SL で発生する機能語断片として独自の存在理由を持つものとして考察する。そのために、倒置型のタグである「疑問のタグ」と正置型のタグである「陳述のタグ」に形式上で二分して考える。模式化すると、(45)のようになる。タグ部の PRO は命題部の主部と照応した代名詞類、OP は第一助動詞類を表す。

(45) 疑問のタグ：[命題部 NP$_i$ V X], [タグ部 *OP PRO$_i$*]?　　(倒置型)
　　 陳述のタグ：[命題部 NP$_i$ V X], [タグ部 *PRO$_i$ OP*].　　(正置型)

陳述文、命令文、感嘆文に付加する倒置型タグは、疑問のタグとして 1 つにまとめられる。陳述のタグには、(43)に見られるように、タグ部に代名詞形ではないものも含まれているが、これについては後述する。また、(45)は同一話者の発話として命題部の尾部に出現するタグであるが、対話において単独で出現する機能語断片もある。本書では、対話で単独で現れる機能語断片も、タグ表現とみなして、英語におけるタグ表現全体を考察する。

2.3.2　疑問のタグ——極性が一致する付加疑問文

　広義の疑問のタグには、「付加疑問のタグ」、「命令のタグ」および「感嘆のタグ」がその下位類として入る。これらの文法事象は学校文法においても触れられているので、ここでは付加疑問文の中でとくに注意を要するパターンに限定して考察する。

　付加疑問文では、ふつう主節文の極性に呼応して、タグの極性が反転する特徴がある[17]。通常の例については多くの文法書が取り上げているが、極

---

[17] ふつうの付加疑問文は英米で使用頻度に差がある、という指摘がある。C&M (p. 885)によると、付加疑問文の出現頻度は、イギリス英語ではアメリカ英語

性が一致する事例も現実には存在する。(46)は、朝起きたら自己のアイデンティティがこの世から抹殺されていたという特異な状況にあるガーニー氏とその精神医の会話である。

(46) Mr. Gurney: Her name is not Bearenson. It's Gurney, and she's married to me.
　　　Doctor:　　<u>In fact</u>, she's not married to anyone.
　　　Mr. Gurney: Oh, <u>that's a fact</u>, *is it*? (「へー、それって事実なんですか」)
　　　　　　　　　　　　　(中略)
　　　Mr. Gurney: And what are the facts?
　　　Doctor:　　Couldn't say just yet. The police are running your finger prints and then we'll have something to work with, but for now this person you think you are, <u>we know that</u> he doesn't exist, except in your mind.
　　　Mr. Gurney: Oh, <u>we know that</u>, *do we*? (「ほう、私が、それ知っているってかい？」)　　　　　　　　　　　(TZ39)

(46)の前半は、ガーニー氏が自分の妻であると主張する女性について、医師が「実は、その女性は結婚していない」と伝えるところである。先行文脈で医師が in fact という表現を使っているので、Oh と驚いて見せて、内実は「事実なんかじゃない」と医師に突っかかっているのである。後半も同様で、we know that という医師の発言に突っかかっている、といった状況である。これらの事例が示すように、極性一致の疑問のタグは先行する文脈で発話されたことに強い疑念を持っている場面で出現する。ここで、タグが通常の極性、つまり、否定形を取ると、話し手は前半の陳述部の断定性を前提にしていることになるので、伝えられるべき疑念と矛盾するのである。

　　　　の4倍の頻度であるという。この差の理由は不明だが、イギリス英語が付加疑問文を使うような文脈で、アメリカ英語では抑揚による変化で対応している、と思われる。また、付加疑問文自体が、迂言的な用法なので、アメリカ英語のストレートな表現への性向と合わないのかもしれない。

上例のように、極性一致型の疑問のタグは、相手の発言に対して挑戦的な語感を与えてしまう事例が多い。一方、もう1つの使われ方がある。それは、場面でふと何かを視認し、それを確認するような場合である。

(47) Oh, you bought beer, *did you*?
（「あ、ビール買ったんだ」）

例えば、リカーショップで知人が入れ違いに出てきて、買い物バッグの中をちょっと見たような場面で、(47)のような言い方をするのは、1つの応答としてあり得る[18]。

簡単な文脈を与えて、極性一致型の疑問のタグを再確認してみる。

(48) a. You always get the best score in the class, *do you*? Well, not this time. I got the best score!
（「お前、クラスでいつも一番の成績を取るんだってな。今度は違うぜ、オレが一番さ」）

b. Jim thinks Sally likes him, *does he*? He's crazy. She doesn't even know his name.
（「ジムはサリーに好かれてると思っているんだってか。バカだよな、あの娘は名前さえ知らないよ」）

(49) a. Wow! You got a new car, *did you*?
（「わー、新車、買ったんだー」）

b. You have a daughter, *do you*? I didn't know.
（「君、娘さん、いるんだ、知らなかった」）

(48)は、聞き手に対して、挑戦したり、突っかかるような印象が感じられ、強く疑っている語感があるので、「挑発型の疑問タグ」と呼ぶ。他方、(49)は、目の前の事態を視認して、それについて若干驚いているような状況である。(49)は、視認している内容について述べているので、「視認・確認

---

[18] ふつう疑問のタグは、イントネーション・パターン(IP)の単位としては、主節と独立している。しかしながら、Wells(p. 205)には、極性一致の疑問タグは、主節部のIPの尾部になることがある(つまり、一体化して発音される)、と指摘されている。この傾向はとくに視認型のタグでは強いようである。

型の疑問タグ」と呼ぶ。視認・確認型は挑発型よりも場面性が強く、後述のように、状況省略と同時に起こる傾向がある[19]。

極性一致型の疑問のタグは、実例を見る限りでは肯定形のタグしかないようである。しかしながら、文法書では、否定形の極性一致型のタグの存在を否定はしていない。

(50) a. So he doesn't like his job, *doesn't he*? (CGEL: 813)
　　　b. So you don't like my cooking, *don't you*? (Swan 1980: 515)

CGEL は、(50a)のパターンは理論的には存在するが、実際の使用例は見られない、と記している。Swan の(50b)は、文脈が与えられていないが、so の出現から見て、挑発型のタグの音調であろうと思われる。

2.3.3 状況省略と極性一致型の疑問のタグの混合形式

極性が一致した疑問のタグは状況省略と共起することが非常に多い[20]。状況省略とタグ表現はともに SL で観察される断片性に関わる現象で、その意味で混合形式は二重の意味で断片化した興味深い現象である。

CGEL には、(51)の例が挙げられている。

(51) a. Too hot, *are you*?
　　　b. New hat, *is it*?
　　　c. Good flight, *was it*? (以上、CGEL: 850)
　　　d. What's up, cold *is it*? (LGSWE: 209)

(51)には文脈が与えられていないが、ふつうの音調では視認・確認型の疑問タグとして解釈される。例えば、(51a)は、目の前で相手が汗だくだくになっているような場面が想起されるかもしれない。

---

[19] LGSWE (p. 209)には、極性一致のタグは、comment clause に似ている、という指摘がある。LGSWE には、挑発型のタグについては言及がない。また、"What's up, cold *is it*?"を、「述部前置を伴った」通常の yes-no 疑問文である、という指摘もある。この例の文脈はわからないが、おそらく視認・確認型のタグではないと思われる。

[20] CGEL (p. 812)参照。

ラジオドラマの例を見ると、何らかの根拠に基づき推論したことや目の前での状況から判断したことを確認している状況が明らかに多い。以下、タグ部分はいずれも上昇調である。

(52) a. "On your way to work, *are you*?" (TZ41)
（「出勤途中、ですね」）

b. "Business trip, *is it*?" (TZ17)
（「出張、ですか？」）

c. "...Mr. Miller told me to meet him after the clock closed. I guess I missed him. Already gone, *has he*?" （「すでに帰宅されたんですね」） (TZ04)

例えば、(52a)は、警察官が聞き手の車を止めて、その様子から話しかけている場面である。状況省略とタグの混合形式は、視認・確認型のタグにほぼ限定されており、発話場面での視認・確認が含まれるため場面への依存性が高い表現である。

(52)は主語とOPが一緒に状況省略された混合形式であるが、次のような例もある。

(53) a. "Had an accident, *did you*?" (TZ46)
（「事故にあったんですね」）

b. "Take him everywhere, *do you*?" (TZ04)
（「どこでも持ち歩くんですね」）

c. "Need privacy, *do you*?" (TZ17)
（「一人っきりがいいんですね」）

d. Want a drink, *do you*?　　=(11b)　　(CGEL: 896)
（「注ぎましょうか」）

(53)は極性が一致した付加疑問文で、youが状況省略されている[21]。いず

---

[21] CGELでは、(53d)は陳述文として挙げられている。しかし、これは付加疑問文と状況省略の混合体である。また、C&M (p. 184)は、二人称主語の省略にはタグ表現が付加されやすい、とも記している。

れも視認・確認型の疑問タグを伴った状況省略文である。

(53a)は、事故を起こした人を発見して、その人に対して声をかける場面である。(53b)は、バッグに人形を入れて常に持ち歩く腹話術師がいて、その腹話術師がバッグを持ちながら階段を上がるところを見ながら、下宿の女主人が声をかける場面である。これらは質問というより、相手に声をかけているような状況である。(53c)は、場末の安モーテルで、客の若い女性が施錠の安全性について問いただしたときに、オーナーが若干いぶかしむ場面での発話である。同様に、CGEL の(53d)には文脈が与えられていないが、例えば、カウンターで空のグラスを持っている客に対してバーテンが言うような視認状況が連想され、無標の疑問文とは明らかに異なり、場面依存的な表現である。

2.3.4 状況省略文と転置疑問文

さて、動詞が一般動詞の場合、ある問題が起こる。事例を比較して欲しい。

(54) a. △ Had a good time, *did you*?　　　　　(CGEL: 896)
　　 b. △ Have a good time, *did you*?　　　　　(Swan 1980: 516)

2人の文法家が挙げている形式が異なっている。(a)は you が状況省略された形式である。一方、(b)は状況省略とみなすことは困難である。なぜなら、ふつう状況省略は省略がおきていない形式が非文になることはないので、(b)が状況省略であれば、Did you have a good time, *did you*? が許されることになる。だが、この形式は Swan も言うように、通常英語では許されない[22]。では、(b)はいったいどのような言語形式なのか?

---

[22] ただし、LGSWE(p. 210)には、次のような例が挙がっている。
　(i) Do you want this *do you*, anywhere?
　(ii) A: Oh that Earnest film's on tonight.
　　　B: Oh is it tonight *is it*?
　　　A: Yeah.
　母語話者への聞き取り調査では、例えば、(i)の例は2つの文のように聞こえるという。LGSWE は音声抜きのコーパスからの抽出データであり、ポーズなどが反映していないからと推察される。

ここでは、(54b)の形式は状況省略文ではなくて、<u>Did you</u> have a good time? の冒頭主節タグ部が文末に転置された形式と分析して、「転置疑問文 (dislocated questions)」と名づけたい。ラジオドラマの事例は少ないが、(55b) のように現在形の場合もある。母語話者への聞き取り調査では、(56)や (57)のようなやりとりは十分可能性がある。

(55) a. "Change your mind, *did you*?" (TZ42)
　　　（「気持ちが変わったな」）
　　b. "Come from around, *does he*?" (TZ24)
　　　（「ここら辺の出身？」）

(56) A: I accompanied our president to Europe last weekend.
　　B: *Wow,* fly first-class then, *did you*?
　　　（「先週、ヨーロッパに社長の付き添いだったのよ」
　　　「わー、じゃ、ファーストクラスだったんだー」）

(57) A: I had a class reunion last week. That's the first time in 30 years.
　　B: *Oh,* have a good time then, *did you*?
　　　（「先週、同窓会があってね、30年ぶりだったよ」
　　　「ほう、じゃ、楽しかったろうね」）

先行発話を受ける談話マーカーである then があると据わりがよいので、転置疑問文は、談話の流れで発生した「とっさの声かけ」的な疑問文であると考えられる。何十年も前の過去の出来事を転置疑問文で聞くことは不自然である。

C&M は、状況省略とタグが混合する形式に触れて、すべての場合が「省略」とは言えず、次のような例は典型的な語順の変異形であるのかもしれない、としている。

(58) a. Get the hang of it, *did you*?
　　b. Looking much better, *he was*. (C&M: 185)

C&M は文脈を挙げていないのでわからないが、おそらく(58a)は転置疑問文の例と思われる。一方、(58b)は強意か感嘆的な響きがあるようで、次

に述べる陳述のタグであると思われる。

2.3.5　陳述のタグ

　陳述のタグは、周辺的な現象としてみなされていたためか、学校文法などでは扱われてこなかった。また、文法書においても扱いが統一されておらず、非母語話者には理解しにくいものの1つである。本書では、C&Mが挙げている陳述のタグを2つに分けて、両者の類似点と相違点を記述する。

　通例タグは代名詞と助動詞からなるが、陳述のタグには名詞が現れることがある。つまり、一般的な(59i)に加えて、(59ii)のパターンもある。

(59)　(i)　[命題部 NP$_i$ V X], [タグ部 *PRO$_i$ OP*]　　（タグ部主語＝代名詞）
　　　(ii)　[命題部 PRO$_i$ V X], [タグ部 *NP$_i$ OP*]　　（タグ部主語＝名詞）

それぞれの例を典型的な文脈の中で考えてみる。

(60)　A: You know, Mike's always just sitting around. I wonder why he doesn't get fat.
　　　B: No, no, Mike's really a good athlete, *he really is*.
　　　（「マイクって、いつも座ってばっかりだよね、なんで太らないのかな」
　　　「いやいや、マイクは実はスポーツマンなんだよ、ホントに」）

(61)　A: What do you think of Mike?
　　　B: Well, he's really a natural athlete, *Mike is*.
　　　（「マイクについてはどう思う？」
　　　「そうだな、実に生まれながらのスポーツマンだな、マイクは」）

(60)と(61)は似ているが、(61)はタグの主語が代名詞ではないので、本書の見方では典型的な「タグ」とは言えず、また意味的な機能に差がある。(60)は陳述の力を強める働きであり、(61)は指示の明確化である。

代名詞の「陳述のタグ」

　(60)のタイプは、自分で言ったことを自分で再度繰り返す、という意味

で冗長な言い方である。しかし、ラジオドラマでは比較的多く、その理由は、表情や仕草などの視覚的な情報がないために、それを言語で補う側面が多くなるためであろう。

(62) a. "I've been an excellent butler, really I have."　　（TZ21）
　　 b. "I hate to do this, Cavendar, I really do."　　（TZ05）
　　 c. "You're learning, Miss Scott, you really are."　　（TZ11）
　　 d. "I hope so, I really do."　　（TZ16）
　　 e. "I don't know, I really don't."　　（TZ32）
　　 f. ". . . I didn't know who it was, I sure didn't."　　（TZ27）
　　 g. "The others are nothing to be afraid of, really they are not."　　（TZ09）
　　 h. "Caesar, you're such a kidder, you are."　　（TZ04）
　　 i. " . . . I'll do something about it, I will."　　（TZ32）
　　 j. "Oh, it can't be the same man, it can't."　　（TZ17）
　　 k. "I suppose I'd like you to know that I'm not really unfriendly, I'm not."　　（TZ46）
　　 l. "The parks really are our national treasure in a way, they really are."　　（ABC World News Tonight）[23]

多くの事例に really が共起している。このことは陳述のタグが前半の命題部を強調するような(emphatic)な働きを持っていることを示す。断定の力を強める働きを持っているので、陳述のタグでは極性が反転しない。これらの陳述のタグが生起するところは、陳述内容の極性上反対のことが推論される文脈環境である。例えば、(62a)では、話し手が執事としてすべきことが行われなかった状況が先行している。そういう場面状況だからこそタグで陳述の力を強めようとすると考えられる。

陳述のタグはアメリカ英語とイギリス英語で出現頻度に差がある。C&Mによれば、陳述のタグはイギリス英語と比べると、アメリカ英語では非常

---

[23] TV ニュースのインタビューでの発話。

にまれであるという[24]。たしかに、アメリカ英語によるラジオドラマの観察では、(62h)〜(62k)のような単純なコピー的なタグは少ないが、really 等が共起する場合は決してまれとは言えない。

　LGSWE は、陳述のタグは疑問のタグに比べてはるかに出現頻度が低いと述べ、基本的な働きは命題部の speech-act 機能の強化であると指摘している。そして、会話ジャンルからの事例として(63)を挙げている。さらに、同じ機能は really や certainly などの命題強調副詞(LGSWE では stance adverbs と呼ぶ)によっても担われる、と述べて、小説ジャンルの事例として(64)を挙げている。

(63) a.　It looks terrible *it does*, ...　　　　　　　　(LGSWE: 139)
　　　b.　... but I don't like veg *I don't*.　　　　　　(LGSWE: 140)
(64) a.　It really is a total mess.
　　　b.　He certainly groaned a lot.　　　　　　　　(LGSWE: 140)

LGSWE の記述などからわかることは、陳述のタグは場面性のある SL での言語使用で出現するが、WL でほぼ同じ機能を表そうとすれば、上記の命題強調副詞が使われるのではないか、ということである。

名詞の「陳述のタグ」

　(59ii)のような非代名詞主語を持つ陳述タグについて、ラジオドラマには事例はなかった。しかし、イギリス系の文法書に繰り返し言及がある。

(65) a.　She really got on my nerves, *Sylvia did*.
　　　b.　He hasn't a chance, *Fred hasn't*.　　　　　　(Swan 1980: 524)
(66) a.　It went on far too long, *your game did*.
　　　b.　He's a complete idiot, *John is*.　　　　　　　(CGEL: 1310)
(67) a.　He likes a drink now and then, *Jim does*.
　　　b.　That was a lark, *that was*!　　　　　　　　　(CGEL: 1417)
(68) a.　She was very kind, *Rita was*. (=(43b))

---

[24] 脚注 17, C&M(p. 886)参照。

b. He's not so tall, *Jim isn't*. (＝(43c)) (C&M: 547)

文法書の事例は使用文脈がわからないので詳細な分析はできないが、基本的には、指示対象のとっさの確認と強意としてのタグが混在した形式であると思われる[25]。

さらに、倒置型のタグについての言及もある。CGELでは、正置型の例と併記されて、地域方言の例として挙げている。

(69) a. He's a complete idiot, *is John*. (CGEL: 1310)
b. She's a lovely girl, *is Ann*. (CGEL: 1417)

(69)のタグは、英国北部地域方言(Northern British English)である可能性がある。(69)もどういう文脈での事例かわからないが、やはり主語の指示対象の確認と陳述の強意ではないかと推察される[26]。

2.3.6 応答のタグ

C&Mのタグの分類は、節構造の付加部のものだけである。しかしながら、タグと類似の機能語断片は、ことばのやりとり、すなわち、インタラクションの中での応答の1つとして広く観察される。疑問のタグや陳述のタグは一人の話者の発話として命題部の尾部に出現するのに対して、応答のタグは、話し手の発話する命題部と分かれて、対話者側に出現する。こ

---

[25] 非代名詞主語の陳述タグは、状況省略があれば、一般に容認度が高くなるようである。
 (i) a. Stupid idiot, *your brother is*. I can't believe he's done that.
  b. Great, great golfer, *your brother is*.
 ここでは、主観的な表現がないと据わりが悪い。文法書の例の多くもある種の価値判断文である。

[26] Culicover(1999: 192f.)は、(i)の事例を生成文法の立場から特殊構文の事例として分析している。
 (i) a. He's scheduled for a promotion to the big leagues, *Rodriguez is*.
  b. He's scheduled for a promotion to the big leagues, *is Rodriguez*.
 本書では、(ia)は指示の明確化で場面にかなり依存した文、(ib)は、CGELの記述から言えば、英国北部方言ということになる。

の関係を模式化すると以下のようになるだろう。

$$\text{(陳述のタグ)} \qquad\qquad \text{(応答のタグ)}$$
"$_A[_{命題部}NP_i\ V\ X],\ _B[_{タグ部}PRO_i\ OP]$." $\Longrightarrow$ A: "$NP_i\ V\ X$."
$\qquad\qquad\qquad\qquad\qquad\qquad\qquad\qquad$ B: "$PRO_i\ OP$."

$$\text{(疑問のタグ)} \qquad\qquad \text{(応答のタグ)}$$
"$_A[_{命題部}NP_i\ V\ X],\ _B[_{タグ部}OP\ PRO_i]?$" $\Longrightarrow$ A: "$NP_i\ V\ X$."
$\qquad\qquad\qquad\qquad\qquad\qquad\qquad\qquad$ B: "$OP\ PRO_i?$"

陳述のタグと疑問のタグは、応答のタグでは「正置型の応答タグ」と「倒置型の応答タグ」にそれぞれ対応する。本書では、代名詞と第一助動詞からなる応答形をタグ表現の1つとみなして、その働きを述べる。

正置型の応答タグ

正置型の応答タグは、原則として下降調で、先行する発話への同意・不同意あるいは是認・否認を表す。

(70) A: "Hi there, Mrs. Gomly, beautiful day."
　　　B: "Indeed *it is*."　　　　　　　　　　　　　　　　　　　　(TZ23)
　　　（「こんにちは、ゴムリーさん、いい日ですね」
　　　　「まったくですね」）

(71) A: "Excuse me, sister. Is this the Delancy Street mission house?"
　　　B: "*It is*."　　　　　　　　　　　　　　　　　　　　　　　　(TZ31)
　　　（「すみません、ここ、デランシー通り伝道所ですか？」
　　　　「です」）

これが通常の疑問文への応答であれば、yes/no などの副詞表現などと現れる形式である。なお、(71)は疑問文に対する応答に見えるが、前半は中立的な疑問ではなく確認である。そのため、(71B)では yes がなく、タグ部のみになっている。yes がないと、それ以上の質問を受けつけないような若干拒否的な語感がある[27]。

---

[27] (71)のようなパターンは尋問や取り調べによく見られる。

2.3.3 では状況省略と疑問のタグの混合形式を見たが、応答のタグも状況省略と混合するときがある。

(72) A: "...I didn't, um, I didn't tell him anything, but if you ask me, it's just a matter of time."
B: "△ *Always is*." (*Terminator: The Sarah Conner Chronicles*, First Season)
(「彼には何にも言ってないけど、あえて言えば、時間の問題ですよ」
「いつものことね」)

(73) A: I want this reference book. Do you think it's still at the coop store?
B: △ *Should be*.
(「この参考書が欲しいんです。生協書店にまだありますか？」
「のはずです」)

こういった事例では、常に法助動詞、蓋然性の副詞、頻度の副詞等がともに現れる。こういった形式が文法化によって、固定的な応答形式に変化することは容易に想像できる[28]。

倒置型の応答タグ

倒置型の応答タグは SL に関するさまざまな研究で取り上げられているが、実は定まった名称がない[29]。Swan (1980: 154) によると、倒置型の応答タグは情報を求める疑問文ではなく、音調により "interest, concern, surprise and anger" 等の反応を表現する。また、C&M (p. 200) は、聞き手側の関わり (engagement) や注意 (attention) のシグナルであり、その機能は

---

[28] 例えば、返事としての Sure do.(「了解」)や Will do.(「承知」)、また、次の事例の Sure can. などの定型的な応答、さらには、副詞の maybe(たぶん)などは、この混合形式に由来している。
 (i) A: Driver, can you take us to the station?
   B: Sure can.(「あいよ」)
[29] 例えば、CGEL(1985: 810) "tag responses / elliptical responses"; C&M (2006: 199) "follow-up tag questions"; Wells (2006: 52–53) "independent elliptical questions"; Swan (1980: 514) "reply questions" といったように、論者はそれぞれの呼び名を付けている。

yeah? や really? 等の協同的反応(supportive responses)と類似する、と述べている。

倒置型のタグは、コミュニケーションを円滑に進める「あいづち」機能を持ったタグである。あいづちは umm といった音調だけの非言語形式もある。その点では、倒置型のタグはあいづちの音調部だけを担わされた機能語断片としてみなせると思う。事例を見てみよう。

(74) A: I went to school with her.
   B: *Did you*?   (C&M: 200)

(75) A: And on mama's tree, she's got some raspberries and tomatoes.
   B: *Does she*? That's great.   (C&M: 200)

(76) A: It wasn't a very good film.
   B: *Wasn't it*? That's a pity.   (Swan 1980: 514)

(77) A: "I was getting worried."
   B: "*Were you*?"   (TZ43)
   (「段々と心配になってね」
   「そうでした？」)

(78) A: "I have to get to work."
   B: "*Do you*? We all do. . . . ."   (TZ16)
   (「仕事に行かねばならないんです」
   「そうですか？ 私らみんなそうですよ」)

(79) A: "I know the feeling. I've had it occasionally."
   B: "*Have you*?"   (TZ20)
   (「オレ、この感じわかる。いままでも時々あったんだ」
   「そうなの？」)

応答タグでは、原則として、極性は一致する。通例音調は上昇調であるが、上昇音調の強さで、関心や驚きの語感が微妙に変化する。また、下降調にも感じる音調もあり、その場合は無関心さを高めるようである。

応答のタグには正置型もあり、これらは原則として強い上昇調で、疑問文と同じ機能を持っている。

(80) A: "Mr. Bemis, you shortchanged me again."
　　　B: "*I did?* Oh, my."（高い上昇調） (TZ43)
　　　（「ビーミスさん、またお金足りませんよ」
　　　「そうでした？　あら、まあ」）

(81) A: "You don't need matches, Miss."
　　　B: "*I don't?*" (TZ47)
　　　（「マッチなんか要りませんよ、お嬢さん」
　　　「そうですか？」）

(82) A: "I decided to stop by the library on the way. A few books, you know, to return. But they've changed the hours."
　　　B: "*They have?*" (TZ43)
　　　（「途中で図書館に寄ることにしたんだ、数冊の本を返すんで、でも、開館時間が変わったんだよ」
　　　「そうだったの」）

(83) A: "We were wondering where you were."
　　　B: "*You were?*" (TZ20)
　　　（「どこにいるのかと思っていたんだよ」
　　　「そうですか」）

音調は一様でなく、上昇の程度が関心の高さに相関していると思われる。事例では、(80)から(83)まで音調の高さが異なり、BのAへの発言に対する関心に応じている。ちなみに、C&Mには、軽い驚きなどを表すとき、アメリカ英語では上昇調の正置型のタグが使われ、イギリス英語では、倒置型のタグが多い、という興味深い指摘がある[30]。

通例応答のタグは極性が一致する。しかし、倒置型の応答タグの中には、肯定極性の陳述に対して、否定極性の応答タグが現れるときがある。

(84) A: "Yes, he's such a fine young man."
　　　B: "*Isn't he?*" (TZ10)
　　　（「そう、とてもステキな若者ですわ」
　　　「まったくね」）

---

[30] C&M (p. 885) 参照。

(85) A: She's put on a lot of weight.
　　　B: *Hasn't she*! 　　　　　　　　　　　　　　　　(Swan 1980: 514)
(86) A: Her performance in *Rigoletto* was outstanding.
　　　B: Yes, *wasn't it*? 　　　　　　　　　　　　　　　(CGEL: 810)

これらは通常の応答ではなく、感嘆を表している。例えば、CGEL は、(86) は "Yes, it was, *wasn't it*?" の形式からの省略である、と述べている。感嘆と解釈されるのは否定応答タグにのみ見られる現象である。

　応答のタグは、コミュニケーションの機能では、話し手に対して同意や関心などを積極的に示して、インタラクションの円滑な進行を促す働きを担う。一方、意味論的に見た場合、応答のタグは、話し手の伝える命題に対しての聞き手側のモダリティ部分である。正置型の応答タグは、相手の陳述内容の真偽性に対して、是認・否認や同意・不同意を表すが、こういった表現は基本的にモダリティ表現である。そして、倒置型の応答タグにおいては、相手の陳述内容の真偽性に対する疑念あるいは驚きといった話し手側の心的態度を表している[31]。通例のモダリティ論においては、1つの発話について命題部とモダリティ部を分けて考えるが、応答のタグを見た場合、話し手が命題情報を述べて、聞き手がモダリティだけで応じている、といった図式となる[32]。

---

[31] 日本語のモダリティ論では、例えば、表現類型のモダリティの中に、「命題に対して話し手の判断が成り立たないことを表す」ものとして「疑問のモダリティ」を設定していることがある(日本語記述文法研究会(編)『現代日本語文法4 第8部 モダリティ』)。

[32] 現れは異なるが、モダリティ表現が応答として独立して現れることは日本語でも見られる。
　(i)　A:「そんなこといったら、バカにされるよ」
　　　B:「かもしれない」
　(ii)　A:「あれ、うまくいったね」
　　　B:「だろう。だから俺の言うことに間違いないのさ」

2.3.7　その他さまざまなタグの表現

　タグは代名詞主語と第一助動詞からなる機能語断片である。そのタグ形式が特定の表現類と一緒に現れて、主に応答のタグのバリエーションを生んでいる。

now 付きの応答のタグ

　now 付きの倒置型の応答タグは、一種の無関心さを表す傾向がある。下降調であるが、OP が高めのピッチで始まる特有の音調がある。

(87)　A: "He's a little out of sorts this morning."
　　　B: "*Is he* now?"　　　　　　　　　　　　　　　　　　　　(TZ25)
　　　　（「彼は今朝は少し元気がないようだね」
　　　　　「そうかね」）

(88)　A: "I am totally and absolutely astounded."
　　　B: "*Are you* now?"　　　　　　　　　　　　　　　　　　　(TZ41)

(89)　A: "I don't know very many games. I, I used to play a little porker."
　　　B: "*Did you* now?"　　　　　　　　　　　　　　　　　　　(TZ45)

now 付きのタグは、「ああそうかい、それで」といった語感で、ふつう関心のなさが感じられる。
　前述の通り、応答のタグは対話の応答で現れる疑問のタグである。逆に、now 付きのタグが付加疑問のタグとして現れることがある。

(90)　You're not gonna be driving anywhere, *are you* now?　　(TZ28)

バーテンダーが泥酔している客に対して言ったことばである。一般に、この形式はある種の行為について忠告するような響きがあるようである。

so 付きの応答のタグ

　音調にもよるが、一般に、相手のことばに軽く驚き、「押さえられた感嘆」を表す応答のタグである[33]。

---

[33] CGEL (p. 882); C&M (p. 255) 参照。

2.3 「タグ表現」について | 69

(91) a. A: "Your bow tie's on, crooked."
   B: "So *it is*, so *it is*." (TZ28)
   (「蝶ネクタイ、曲がって付いてますよ」
   「ほんとだ、ほんとだ」)

   b. A: "I told you, 'Get lost.'"
   B: "Ah, so *you did*, so *you did*." (TZ47)
   (「失せろ、って言っただろ」
   「あ、そうでしたね、そうでした」)

   c. A: You've spilled your coffee.
   B: Oh dear, so *I have*. (CGEL: 882)

so は前置要素で、so に後続する部分が正置型のタグ形式である。so は、先行文に現れる述部の代用形(predication substitute)である。

二重タグ

応答のタグには正置型のタグと倒置型のタグが同時に現れることがある。極性は一致しており、疑問のタグ部は通例下降調である。基本的に何か不都合な感じ、あるいは信じたくないという語感を伝える。

(92) A: "I forgot to tell you that your wife called."
   B: "Oh, *she did, did she*?" (TZ41)
   (「奥様から電話あったの言い忘れてました」
   「お、そうか、あったのか」)

(93) A: "I doubt it."
   B: "Oh, *you do, do you*? You doubt it...." (TZ42)

(94) A: They want a rise.
   B: Oh *they do, do they*? (Wells: 52)

(95) A: He thinks you're coming to pick him up.
   B: Oh, *he does, does he*?
   A: Yeah, that's what he said. (C&M: 200)

例えば、(92)は、風変わりな趣味のある社長 B が、自宅をさけて会社で妻

に内緒で艦砲射撃音のレコードを大音響で聞いていたら、秘書Aが奥さんから電話があった、ということを伝える場面で、ある種の戸惑いが読み取れるコンテクストである。例が示すように、この二重タグ表現にはOhなどの間投詞表現がともに現れることが多い。

否定辞前置の応答のタグ：[Not – XP, PRO OP(neg)]

否定辞を伴った句表現が前置され、その後にタグが現れる応答形式がある。

(96) A: "Well, it'd be more fun if you could play with me. How come you have to go to work?"

　　 B: "<u>Not any more</u>, *I don't*. I'll play with you tomorrow, OK." (TZ04)
　　 （「あの、一緒に遊べたらもっと楽しいのに、なんで仕事に行かなきゃいけないの」
　　 「もういいの、行かなくて。だから、明日は遊べるわね」）

(97) A: "I don't see any bench."

　　 B: "<u>Not now</u>, *you don't*. Used to be right over there....." (TZ24)
　　 （「ベンチなんて見えないな」
　　 「今は見えないよ、昔ちょうどあそこにあったんだ」）

(98) A: "Watch it. You're a Ph. D., not some sorority girl."

　　 B: "<u>Not yet</u>, *I'm not*. There is a little matter of a thesis, remember." (TZ22)
　　 （「いいかい、君は博士なんだよ、そこらの女子大生じゃないんだ」
　　 「私はまだよ。ちょっと論文がね、言ったわよね」）

(99) A: Taro, do Japanese really love whale meat?

　　 B: <u>Not in my hometown</u>, *they don't*. Depends on regions, I guess.

タグ部がない形での応答も可能である。また、(96)や(97)では、標準的な語順のI don't have to work any moreやyou don't see it nowで答えることも可能である。そうした答え方に比べると、否定辞前置の応答タグには、XP部を対比的に強く否定する語感がある。例えば、作例の(99)では、「他の地域は知らないが...」といった語感を伴う[34]。

---

　　 [34] この形式はCulicover(1999)で指摘された。

選択肢の是認表現：[X it is (then)]

　選択肢を是認する応答形式として、タグ形式が名詞表現の後に現れる固定表現がある。本章冒頭の(1)の24に見られる形式である。(100)に関連箇所を再掲する。

(100)　[19]Gomly:　I . . . could let it go for a dollar?
　　　　　　(中略)
　　　　[24]Castle:　One dollar *it is* then.

ここでは、「1ドルで売れないかしら...」とゴムリー夫人が言うので、「じゃあ、1ドルね」と返事をしている。先行する文脈で与えられている選択肢を確認する応答形式である。

　(101)はポーカーで賭ける金額を求める場面で、(102)は時間の指定である。

(101)　A: "Now I'll open for ten bucks."
　　　　B: "OK, ten *it is*."　　　　　　　　　　　　　　　(TZ45)
　　　　(「さ、10ドルからですよ」
　　　　「じゃ、10ドルで」)

(102)　A: ". . . . Say, 7 o'clock?"
　　　　B: "All right. 7, *it is*."　　　　　　　　　　　　(TZ22)
　　　　(「7時で、どう？」
　　　　「わかった、7時ね」)

この応答形式は復唱などでも聞かれる。前半部は名詞に限られ[35]、タグ部

　(i)　A: I think I will smoke cigarette.
　　　B: Not in my car, *you won't*.

　Bの意味は、"You won't smoke in my car, because I will not permit you."というほどの意味である。Culicoverも最初の事例提示では、対話の形式で挙げているのだが、その後は文脈と切り離して、Bの構造面のみを論じている。これは生成文法が、ある形式の分析において、適切な使用場面を考慮しないことを如実に示している。

[35]　これは構造的には名詞句前置文である。名詞句前置文については第4章で述べる。

は it is に固定している。この応答場面では、元となる形式の it is X で答えることは不自然で、この形式が選択肢を是認する場面に密着した固定表現となっていることがわかる。SL と場面に密着した固定的な表現については第3節で述べる。

2.3.8 タグ表現のまとめ

タグは場面性・対面性のインタラクションに頻繁に出現し、状況省略と並んで SL の一大特徴を構成している。この機能語断片がなぜ SL に広く現れるのか考えてみたい。

学校文法では、タグは疑問文や命令文に付属しているものとして扱われるので、その本質に目を向けることが難しい。しかし、SL でさまざまな形で現れるタグの全体像を眺めれば、それは主に対人間でのモダリティの機能を担っていると思われる。第1章で述べたように、文は命題部とモダリティ部に分けて考えることができるが、タグは情報としての命題部に新たに付け加える内容はまったく持たず、命題部に対する話し手の態度や命題部の伝達に伴う発話の力に対して影響を与えている。タグがモダリティの機能を担っているのであれば、対面でのモダリティが事実上発生しない WL の文法の中でタグが冷遇されるのは当然であろう。

しかし、対面のコミュニケーションを教える場合には、タグの実態を踏まえた教育が今後は必要であると思う。その理由は、まず第一に、広くタグ表現が対面コミュニケーションを円滑にする機能を担っているからである。第二に、それを反映して、タグの間違いがミスコミュニケーションにつながりやすいからである。冠詞や前置詞あるいは時制などで明らかな文法的な誤りを犯しても、対面のインタラクションでは聞き手は相手の誤りを自動修正しながら理解するということが往々にしてある。しかし、タグにおける間違いは明示的ではないため、そのような修正解釈は起こらず、むしろ誤解を生む原因となる可能性がある。状況省略については、ことさら取り上げる必要はないのではないかと述べたが、タグ表現は逆に、ことさら取り上げるべき言語事象であると思う。

2.4 場面に密着した「定型的表現」

英語学習者からすれば、場面に密着した定型的表現は、英語母語話者がその表現を発話する場面や状況と一緒に、その形式と意味を覚えるしかない。表現の固定化には程度があるし、また、要素に可変部分もあるが、基本的には、形式と意味の対応に基づいた文法操作で創造的に「作り出す」表現ではなく、場面や状況の中で「覚える」しかない表現である。WL と比較したときに、こういった表現が非常に多いことは SL に顕著な特徴の1つである。

対面での言語使用である SL の理解には、形式と意味を対応させるだけでは不十分である。ある場面において、文法構造的にいくつか可能性のある表現のうち、特定の表現が繰り返し使われる。そして、その表現が場面との関係を強めて、形式-意味-場面の三項関係が出来上がって、その場面で適切な表現として使用されるようになる。ゆえに、形式と意味の対応に、「適切な使用」を加えて初めて、言語の実態を理解できる。

人が日常生活をしていると、同じような場面状況が繰り返されている。そして、特定の表現がそういった日常的な場面に密着した表現として固定化する。本節では、そういった日常的な場面に密着した表現について概観するが、ここでは学校文法の 5 文型を基本にして、機能語類からなる文表現の定型化を見る。

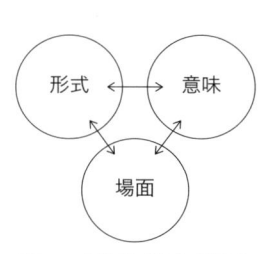

図 1:《形式-意味-場面》の三項関係

2.4.1 SVC のパターン

まず、SVC で、S＝{that, it, this}, V＝{be}, C＝{it, all, that} の要素の組み合わせで定型化している事例を見る。

《That's it》 文字通りの場合は、指示代名詞 that は外界のモノを指して、it は言語コンテクスト内の表現を指す。つまり、(103B) では、it＝what I'm looking for である。

(103) A: Is this what you're looking for?
　　　 B: Yes, *that's it*.
(104) A: "Henry Ford."
　　　 B: "Yes, of course. *That's it*, Mr. Ford. Thank you, Professor Kittridge."　　　(TZ22)
　　　　（「(答えは)ヘンリー・フォードです」
　　　　「そ、もちろん、それです、フォード氏。ありがとうございます、キトリッジ教授」）

(104B)の斜字体部は、文脈から The answer is Henry Ford の意である。つまり、指示代名詞 that は場面で求められている答え、it は文脈で現れた Henry Ford という表現である。

　一方、場面に密着した定型的な表現では、それぞれが何を指しているか判然とせず、「そこまでだ」、「もうよい」などの意を表すときに使われる。

(105) A: "Coffee, please. Black."
　　　 B: "All right. One coffee, but *that's it*. Kitchen's shut down."
　　　　（「了解、コーヒーひとつ、でも、それだけですぜ、厨房は終わってますんで」）　　　(TZ49)
(106) A: Do you need anything else, sir?
　　　 B: No, no. *That's it*.（「いえいえ、これで結構です」）

That's it を強く言うと有無を言わさぬ終了を意味する。OK, *that's it*. I can't stand it anymore.（「もうよい、我慢できない」）とか、けんかをしている場合に、Hey! *That's it*!（「おい、そこまで」）と言って、止めに入るときに使われる。

《Is that it?》 That's it の疑問文形式である。定型的な表現としては、相手の心の中にあるものを確認するようなときに使われる。「そういうことなの？」と確認するような言い方である。

2.4 場面に密着した「定型的表現」 | 75

(107) a. "Are you visiting? *Is that it*? Are you visiting somebody in the building?" (TZ32)
（「訪ねて来たの？ そういうこと？ このアパートの誰かを訪ねて来たの？」）

b " . . . So I'm 51. Too old for Suzanna. *Is that it*?" (TZ22)
（「で、私は51才、スザンナには年を取りすぎ、そういうことかな？」）

(108) A: " . . . . We have no secrets here."
B: "Don't we? No secrets, father. *Is that it*? That's all we do have. Secrets!" （「ない、ですって？ お父さん、秘密がない、って、そうなの？ 我が家はそればっかしよ、秘密だらけ！」） (TZ01)

(109) A: "All right then. Here goes."
B: "*Is that it*?" (TZ05)
（「よし、わかった。ほれ！」
「これなの？」）

(107)と(108)は、相手の思っていることを自分で口にして、それを that で指しており、it＝what you think である。一方、(109)は、A が魔法で高級車を出そうとしたら、古びた馬車だったので、B が思わず言った場面である。that は魔法によって現実に突然出てきたものを指し、it は相手が頭の中で出そうと思っていたものを指している。

さらに、That's it に種々要素が付加される事例がある。

《That's it then》 That's it に then が付加されると、活動の終了を宣言した上で、次の活動への移行を暗示する。この場合、well や OK が現れやすい。

(110) A: "*Well, that's it* then."
B: "Just like that. What was it all for, anyway?" (TZ49)
（「ま、ここまでだな」
「これだけ、ってか。とはいえ、いったい何だったのかな？」）

(111) a. "*Well*, I guess *that's it* then." (TZ27)
b. *OK, that's it* then. See you guys next week.

(110)は、2人の警察官が不審な出来事の捜査を切り上げるときの場面である。(111b)は授業の終わりのときの言い方の1つである。will を伴って、"OK, that'll be it then." となることもある。

《That's just it》 副詞 just が付加されると、自分の言ったことが相手に誤解されたか、あるいはそれ以上のことに解釈されたときに、自分の発言や考えを再確認する含みがある。ここでの it は what I was thinking といった内容を指す。

(112) A: "... think about nothing but facts, figures ..."
　　　 B: "There're other jobs."
　　　 A: "*That's* just *it*. Nothing wrong with my job. I like it." (TZ33)
　　　　　（「事実とか、数字とかばっかり考えていて...」
　　　　　　「他にも仕事があるわよ」
　　　　　　「そこのとこなんだ、仕事はなんでもない、仕事は好きさ」）

(113) A: "You're always on time. Sort of takes the mystery out of things."
　　　 B: "So I'm not mysterious enough for you?"
　　　 A: "*That's* just *it*. You're too mysterious, except when it comes to keeping dates ...." (TZ22)
　　　　　（「いつも時間ぴったりね、大体予想できるっていうか...」
　　　　　　「で、僕は君にとってミステリアスじゃないって?」
　　　　　　「そこよ、あなたはミステリアスすぎるの、時間厳守ってことをのぞいてね」）

(112)では、仕事のことをこぼすAに対して、「他にも仕事がある」と言われて、不満を言っただけで、仕事を辞めるとまで言っていない、という意図で使われている。

《That's about it》 about は周辺を表す前置詞で、it の直接性を減ずる効果を持ち、「そういったところです」というほどの語感である。

(114) A: Do you know Japanese?

2.4 場面に密着した「定型的表現」 | 77

   B: Yeah, *Arigato, sayonara, domo*, *that's* about *it*.

That's it の変化形として、That's what it is という形式も定型化しているが、これについては 2.5.2 で触れる。

《That's all》 節末に付加的に使われるときと独立して使われるときがある。(115) のように、付加的に使われた場合は、「...しているだけだよ」といった念押し的な語感がある。

 (115) a. "They're closing the door, *that's all*."   (TZ33)
     (「(機内で)入り口を閉めているだけ、それだけよ」)
    b. "No, I haven't seen anyone like that. I was just wondering, *that's all*."   (TZ17)
     (「いえ、そういうような人は見てないんですけど、ただ、誰かな、って」)
 (116) A: Why is Jim the top salesman?
    B: He tries, *that's all*. (「ただ一生懸命にしているのさ」)
 (117) A: Why is Jim the worst salesman?
    B: He tries, but *that's all*. (「一生懸命だよ、だが、それだけさ」)

付加的な (116B) は、他に何かしているわけではないが、一生懸命しているだけだよ、ということを伝え、等位的な (117B) では、何か不足している、という含みがある。

《That's that》 この形式は応答として成り立ちにくく、「それでおしまい」というような意味になる[36]。

 (118) "You're acting like a baby. I can't see you now, and *that's that*."
                     (TZ07)
    (「子供みたいなこと言って...今は会えないわ、そういうことよ」)

---

[36] ちなみに、Bolinger には接続詞 that の省略の有無を論じた *That's That* というタイトルの著作がある (Bolinger 1972)。

《That's X》 定型的な表現にもその一部の要素が内容語に開かれているパターンがある。これを「スロット定型表現」と呼ぶ。That's X は典型的なスロット定型表現を構成する。例えば、冗談を聞いたときに、"Oh that's a good one."(「面白いこと言うね」)や、何か新しいことを聞いたときに、"Oh, that's a new one (on me)."(「そりゃ、初耳だ」)といった受け答えをする。こういった表現は、《That's a [X: Adjective] one》といった形でまとめられ、形容詞部分がスロットで可変部分になっている。

また、次のような例もある。

(119) a. Oh well, *that's show biz.* Just plain fickle, I guess. (TZ05)
(「まあ、芸能界ですからね、浮き沈みあると思うわ」)

b. Now, *that's a thought*! (TZ25)
(「おー、そりゃいい考えだ」)

c. Oh, *that's a start*. (TZ32)
(「お、幸先いいな」)

SL には、日本語訳は不可能ではないが、語感がうまく伝わらない発話がある。(119)の例がその1つで、冠詞のない(119a)は否定的な語感があり、不定冠詞のある(119b)、(119c)には肯定的な語感がある。

簡潔な文脈を与えてみる。

(120) A: It rained during my whole vacation.

B: Well, *that's vacation for you*.[37] (「まあ、休暇なんてそんなもんさ」)

(121) A: I took a two-week around the world tour in my friend's private jet.

B: Wow! Now, *that's a vacation*! (「おー、そりゃたいした休暇だな」)

A の発話に対する感情的な反応を表すが、(120B)には、「しばしば起こることなので、驚くに値しない、嘆く理由はない」といった気持ちがあり、内容語の否定的な方向での一般化である。一方、(121B)には、内容語が肯

---

[37] 『ジーニアス英和辞典』(第4版)の例文。

定的な意味合いで他の同類のものから区別できる、といった意味合いがある。そのため、後者では不定冠詞が現れる。また、共起する副詞表現にも違いがある。Now が文頭に付く場合、that's に強い強勢が来る。

《How's that? と What's that?》　聞き返すときの表現であるが、一般に、How's that? は、音声としては聞こえたが、意味がわからない、といった状況、What's that? は、他の音が邪魔でそもそも聞き取れない、という状況で使われる傾向にある。

(122) A: "Driver, take the lady back to the Savoy Arms."
B: "Yes, sir."
C: "No. Not the Savoy Arms."
A: "*How's that*?"
C: "No more Park Avenue and 58. I don't want to go back. I want to stay here." (TZ05)
(「運転手さん、ご婦人をサボイ・アームズ(ホテルの名)へ」
「かしこまりました」
「いえ、サボイ・アームズはダメ」
「どういうこと？」
「パーク通り 58 番地はもういや、戻りたくないわ、私ここにいたいの」)
(A が下町育ちの C をレディにさせようとしたが、C が自分の居所にコッソリ戻っているところ)

(123) A: "Drinks? Oh, yeah, plenty to drink and a ... I need a drink ... Give me one, please ...."
B: "*What's that*, dear? Speak up!" (「なんですって？ 大きな声で言って！」) (TZ05)

《That's more like it》　前よりもっとよい状態になるとき、あるいは何かすてきなことばが浮かんだときなどで使われる。指示詞 that は直前に口に出た表現を指す。it は話し手が頭の中で考えていたことを漠然と表す。

(124) A: "Lincoln Continental, real snazzy."
B: "*That's more like it*. Driver, take us to the lady's residence ... ?"

(TZ05)

(「リンカーン・コンティネンタル(車の名)！ スッゴ、おしゃれ」
「こっちのほうがいいな。運転手さん、ご婦人の邸宅へ...」)

(125) A: "Three perfume bottles."

B: "Three cut-glass vials to contain the, the odour of damask rose petals. *That's more like it.*" (TZ19)

(126) "William Feathersmith. What a crook! *Alexander Feathersmith is more like it.*" (TZ37)

(124)は、ドジな天使のBがAをエスコートするために魔法で乗り物を出すが、古びた馬車を出してしまい、次に再挑戦した場面である(cf. (109)の例)。(126)のようにthatの代わりに指し示す表現が置かれる場合もある。

次に、S＝itに固定された例を見る。

《It's not that》 誤解していると思われる相手の発言内容を修正するようなとき、「そんなんじゃないよ」といった語感で使う。

(127) A: "Can't find all the books? The research library isn't supposed to check out certain materials, but sometimes..."

B: "*It's not that.* I've got everything I need, but the authors on the list, they don't agree with your version." (TZ22)
(「本を見つけられないかい？ 研究図書館はね、ある資料は借りられないことになっているけど、ときには...」
「そんなんじゃなくて、必要な本は持っているんですけど、リストにある著者は、先生の説明と一致しないんです」)

(128) A: I can't make it this summer.

B: If you don't have enough money, I'll pay the tickets.

A: *It's not that.* I just don't have time.

thatは先行する文脈で述べられた状況を指す。It's not thatは、but thatと背後で相関しており、SLでは、それは言語化されていない、と考えられる。

2.4 場面に密着した「定型的表現」

《It's just that . . . .》 先行文脈にある自分の発言に対して、それを言ったことへの説明や理由を添えるようなときに現れる。通例 that の後に軽いポーズがある。また、(130c)のように状況省略が現れる例もあり、断片化の傾向にある。

(129) A: ". . . . I almost didn't make it."
B: "Oh? Trouble?"
A: "The direction you gave me is fine. *It's just that* . . . I've never been to this part of the city before." (TZ16)
(「来られないところでした」
「え、問題でも?」
「もらった地図はよかったんですが、ただ、こんな場所には来たことがなかったので...」)

(130) a. "I shouldn't complain. *It's just that* . . . you know how much he loved his job." (TZ29)
b. "I won't. *It's just that* . . . I was wondering . . ." (TZ17)
c. *Just that* . . . I've never seen you before. (TZ32)

(131) A: Maybe you don't want to go to the party. It's too expensive, isn't it?
B: *It's not just that*. I don't like that restaurant. (「ていうんじゃなくて、あのレストランが嫌いなんです」)

(131B)のように、否定辞 not があると、just によって別の理由を伝えるような語感である。

《(It's) Nothing like that》 相手の質問が的外れであることを伝える応答表現である。通例 it's は現れない。

(132) A: "Oh, I get it. Hot date tonight, huh?"
B: *"Nothing like that*. I have a test to grade." (TZ32)
(「ああ、わかったわ、今夜デートでしょ」
「そんなんじゃないわ、テストの採点があるの」)

(133) A: "Feeling ill, Beechcroft?"

　　　　　　B: "Um? No, sir. *Nothing like that*."　　　　　　　　(TZ25)
　(134)　A: "Did I forget to pay him?"
　　　　　　B: "No. *Nothing like that*."　　　　　　　　　　　　(TZ11)

《How's it coming?》　物事の進捗状況を尋ねる形式である。現在の状況を聞く言い方に、How's it going? があるが、最終目的があるプロセスの状況のときは、How's it coming? のほうがふさわしい。

　(135)　A: "*How's it coming*?"
　　　　　　B: "Almost finished."　　　　　　　　　　　　　　　(TZ17)
　　　　　　（「どうですか？」
　　　　　　「ほとんど終わりです」）
　(136)　A: "(. . . .) My thesis is due in ten days."
　　　　　　B: "*How's it coming*?"
　　　　　　A: "Oh, it's coming. I'm just not sure I've said enough." (TZ22)

(135)はタイヤ交換の場面で、タイヤ交換には出来上がりがある。また、(136)のように、Oh, it's coming（「ええ、進んでますよ」）と応答することも定型的である。

2.4.2　SVM のパターン

　ここでは、S＝{you, we, they}, V＝{be, come, go}, M＝{here, there} の条件で観察する。通例 M は前置される。

《here/there you go》　何かを差し出す場面は繰り返し日常的に経験する。その際の表現にも定型化がある。

　(137)　A: "One club sandwich, coleslaw, no fries, coffee black."
　　　　　　B: "*There you go*."　　　　　　　　　　　　　　　　(TZ25)
　　　　　　（「クラブ・サンド１つ、コールスローサラダ、ポテト不要、コーヒーはブラックで」
　　　　　　「へい、どうぞ」）
　(138)　"*Here you go*, Miss. One New York steak, medium-rare, just like

you ordered."　　　　　　　　　　　　　　　　　(TZ49)

(138)のほうが丁寧である。(137)は簡易食堂の会話のようで、There you go はぶっきらぼうな言い方である。go を使うと相手の次の行動を促す響きがある。さらに、Here you are や Here it is といった言い方もある。Here you are は、相手が求めているものを差し出すような場面で使われ、Here it is は、差し出すように言われて、「あ、あった」といった語感で、場所に焦点がある。

《There you go again》　副詞 again が付加して、相手が愉快なこと(あるいは不愉快なこと)を繰り返すので、それに対して、「またしている」と軽く注意するような応答である。

(139) A: "One minute you talk like a professor, and the next minute you sound like eh . . . , what did they call them?, . . . 'beatnik' or something."(「あるときは大学の先生みたいな口ぶりで、次には、まるで . . .、なんだっけ、. . . ビート族みたいな口ぶりで . . .」)
　　　B: "Ah, thanks. You're a real cool chick."
　　　A: *"There you go again!"*(「ほら、また、言っている！」)　　(TZ02)

B が "cool chick"(いかした女)といったビート族世代の表現を使ったことに応答している。

《There you are》　相手に呼びかけられて、その相手の存在を確認するときの応答表現である。

(140) A: "Ms. White?"
　　　B: "Oh, *there you are*."　　　　　　　　　　　　　　(TZ01)
　　　　(「ホワイトさん？」
　　　　「あら、そちらに」)

電話や無線など声で相手を確認する場合もある。また、応答ではないが、人でないものを確認したときは、There it is といった表現となる。

2.4.3 SVO のパターン

V＝{have, do, get}, O＝{it, that} の組み合わせで観察する。

《I've had it》 常に完了形で使われ、「もう十分だ」、「もううんざりだ」といったときに使う。

(141) a. "*I've had it* for the day. I'm gonna take the rest of the afternoon off." (TZ25)
（「今日はこれで十分だ、午後は全部お休みにしよう」）
b. "That's it! *I've had it*." (TZ16)
（「もういい、十分だ」）

主語が人称代名詞でない場合もある。This suit's had it は「このスーツはもう着られない」といった意味である (後述の(150b)参照)。ある種の段階や過程が感じられる事態があり、その最終局面に達した、といった語感である。

《You can have them/it》 「〜はいらない」といったニュアンスがある。これもうんざりするようなものに対して使うことが多い。

(142) a. "...People, as far as I'm concerned, *you can have them*. If I had my way, I'd make them all disappear, every last one." (TZ25)
（「人は、俺にすれば、うんざりだ、もし思い通りにしていいなら、俺はみんな消去するだろうよ、一人残らずね」）
b. "Agh, *you can have it*. Everything about this place is nuts." (TZ09)
（「あん、うんざりだ、ここのすべてがばからしい」）

(142a)は、人嫌いな主人公が、人が作り出す喧噪を嫌っての発話である。

《(You) Got it, (I) Got it, I get it; I got you, You got me》 get の前後にいろいろな代名詞が出現する。応答や反応として広く観察される。

（143）A: Can you come tonight?
　　　　B: OK, *you got it*. No problem.（「オッケー、まかして」）
（144）A: I'll pick you up at 2. You got it?
　　　　B: Yeah, *I got it*.（「はい、了解」）
（145）A: "Ah, *I get it*. This place used to be a ball park."　　　（TZ24）
　　　　（「ははーん、わかった。ここは昔野球場だったんだ」）
（146）A: "Ah, what was that?"
　　　　B: "Ha-ha, *Got you*."
　　　　A: "Er ... it's you, Susan, er ... I thought a bee stung me."（TZ04）
　　　　（「あん、なんじゃ、これは？」
　　　　「へへ、ひっかかった」
　　　　「スーザン、お前か、蜂が刺したのかと思ったよ」）

You got it は、話し手の聞き手への要求がちゃんと伝わった、ということを伝え、その結果「わかった、するよ」という意の応答になる。他方、I got it は、言われた内容を頭で受け入れた、了解したという意である。(145)のように現在形もある。この場合、「ははーん、わかった」といった意味合いで、発話の背後の思考や理由などを指しているようである。通例 oh, ah といった間投詞がある。

(146)では、get は「だます、かつぐ」といった意味で使われている。「一本取った」といった意味合いで、また、逆に、相手の言った冗談を真に受けてしまったようなときに "You got me."（「やられたわ」、「一本取られたわね」）といった応答表現がある。

《You did it》 ある行為を賞賛するような言い方である。(147)は、魔女デブリンに若返らせてもらっての発話である。

（147）"Devlin, *you really did it*. I look 50 years younger."　　　（TZ37）
　　　　（「デブリン、さすがだな。50才は若く見える」）

ただし、音調によっては、否定的な意味になるときがある。Oh, my god, *you really did it*. Mom's gonna kill you.（「やっちゃったな」）、また、Oh, now *you did it.* のように、now がつくと、否定的な意味に限られる。

　よく似た表現に You made it（「やったね」）がある。make の場合は、do に比べて、何らかのプロセスや目的指向的な行為について使われるようである。例えば、卒業した人には、"I'm so glad *you made it*. Congratulations." というように make を使うほうがふさわしい。

《You do that》　相手の誘いや申し出に対して、「やれば」といった無関心を表す言い方で、I don't care といった態度が隠れている。ただし、音調によっては、行動を勧めている語感になることもある。

(148)　A: "In that case, I think we better keep a real close eye on you, too."
　　　　B: "*You do that.*"　　　　　　　　　　　　　　　　　　　(TZ27)
　　　　（「その場合、あなたをよーく監視もしたほうがいいと思いますね」
　　　　「どーぞ」）

(149)　A: "I'll stop by later."
　　　　B: "*You do that.*"　　　　　　　　　　　　　　　　　　　(TZ24)
　　　　（「あとで寄ろう」
　　　　「お願いします」）

《That does it》　that で指される眼前に発生した状況・事態が話し手の頭の中のこと（＝目的）を為す、ということから、話者が考えていた目的に適うといった意味を持つ。(150a) は、棒くじを持っている話し手が全員にくじ棒を引かせた直後の発話である。(150b) は、就職面接のために、鼻歌交じりでアイロンがけをして身支度をする場面である。

(150)　a. "There, *that does it!*"　　　　　　　　　　　　　　　(TZ38)
　　　　　（「さあ、これでよし」）
　　　　b. "Umm, ta-ta, la-la, there, *that ought to do it.* Clean shirt, tie all pressed. The suit's just about had it, though."　　(TZ04)
　　　　　（「フン、フン、ほれ、これでいいはず。洗ったシャツ、ネクタイ、みんなアイロン済み、スーツはほとんどくたびれているけど」）

例えば、(150b) の that は目の前のアイロンがけの仕上がり状態、it は話し手が面接の際に着るべきと思っている服装の状態であろう。

《You can say that again》 相手の言ったことに完全な同意を表すときに使われる。

(151) A: "You do look hungry."
　　　B: "*You can say that again.*"（「おっしゃる通りですわ」）　(TZ09)

類似の定型表現で You said it!（「その通り！」）がある。この表現は過去形で使われ、代名詞 it は話し手が今にも言おうとした頭の中にあった言語的表現 (it＝what I was going to say) を指している。

一方、指示詞 that は音声化したことを直接的に示す。したがって、必ず誰かの実際の発言を受けている。次の対比を考えてみる。

(152) a. Don't say that!
　　　b. Don't say it!

(152a) は、相手が突然言語化したことについて、「そんなこと、言うな」という意味である。(152b) の代名詞 it は、まだ口にしていない、話し手の頭にある表現を指しているような感じ (it＝what I think you're going to say) で、"Don't say it. I know what you want to say."（「言うなよ。言いたいことはわかるから」）といった文脈がふさわしい。

2.4.4　SVOO のパターン

《I'll give you that》 SVOO のパターンは V が授与動詞でなければならないという制約があるためにまれである。give には、次のような定型的な表現がある。

(153) "You're so funny, *I'll give you that*."　　　　　　(TZ04)
　　　（「あなた、とてもおもしろい人、それは言えるわね」）

Jim's a good teacher, *I'll give you that*, but he's too old for it. のように、but

以下の文が現れることがある。通例は、自分の発言について、「そこまでは認めるけど...」といった含みがある。「それは give するが、他はしない」ということが含意される。一般に、SVOO や SVOC のパターンで機能語だけから構成される定型的な表現は限定的である[38]。

以上、機能語類および common verbs からなる定型的な表現について見てきた。冒頭述べたように、人の日常的な場面や言語コンテクストは無限にあり、それを網羅的に論じることはできない。したがって、本節で行ったことは事例の考察でしかないが、多くの表現がある種の会話の機能を担っていることがわかったと思う。

2.5 「強調」について

強調は、WL でも存在するので必ずしも SL の特徴とは言えない。しかし、SL の言語使用状況では、話し手は聞き手と対面しているため、自らの発話を強める形式が比較的多く存在する。ここでは SL の強調について、繰り返しと断片化という構造面の変化から考察する。

2.5.1 繰り返しによる強調

同一の語あるいは同類の語彙を重ねることで程度を強めることが言語にはよく見られる。SL においても、"It's very, very interesting" とか、"That's terrible, very terrible" のように、程度を強める表現が多く見られる。他方で、センテンスレベルの表現を繰り返して強めることもある。この場合は、

---

[38] SVOC のパターンについては、機能語だけの表現はほとんどないが、定型的な表現は非常に多い。例えば、"I find that hard to believe"は、「信じられない！」というような意味で、年配の上品な人が使うような定型的な表現である。同様に、機能語の制約を緩めれば、次のような例もある。
 (i) a. Then stop shaking. *You make me nervous.* (TZ04)
   b. Sit down, Mr. Ambrooster. *You make me nervous.* (TZ01)
(i)も場面に密着した定型表現で、相手の行動でいらついているとき、「命令文」の直後に使われる。たいていは上司や目上の人からの発言である。

2.5 「強調」について

程度を強める「強意(intensification)」ではなくて、センテンスの陳述の力を強める「強調(emphasis)」である。

センテンスの強調では、情報上で新たな内容を付け加えることなく、ほぼ同じようなセンテンスの機能的な部分を繰り返して、話し手の陳述を強めるのである。

(154) "But *you said* his vital signs were normal. *You said that,* didn't you?" (TZ12)

(155) A: "You think so?"
B: "Yes, *I do*. *I really, truly do*." (TZ11)

(156) a. "No, no, it's nothing like that. *I don't* know why the lights are on, I swear *I don't*." (TZ27)
b. "*I didn't know* it was one of us. I swear *I didn't know*." (TZ27)

(154)では、前半での you said 以下の部分を繰り返している。ただし、内容に関わる his vital signs were normal は構造的な省略を受けている。(155B)では、I do の応答を、さらに強調の really や truly を加えて繰り返している。また、(156)では、I swear という部分が加わって、前半の斜字体部を繰り返している。これらの例では、一度の陳述では相手に伝わる力が足りないと判断して、同じ内容を繰り返すことで強めていると考えられる。こういう手段は対面であることから採用されるので、WL には見られない特徴である。

本章冒頭の(1)の中の例を(157)に挙げる。(154)から(156)の例は、このうち(157c)の事例と共通性があることは明らかであろう。

(157) a. [17]Gomly: Years and years . . . , it's supposed to be very valuable . . . , hand-blown glass *is what it is*.
b. [18]Castle: (. . .) If you could find the store where it came from, *that's what they'd give you,* nothing.
c. [24]Castle: One dollar it is then. I wish it could be more, Mrs. Gomly, *I really do*.

(157c) は、形式上は陳述のタグであるが、働きから言えば、SL での強調の仕方の1つである。

一方、(157a) と (157b) の斜字体部は複雑な構造をしているように見えるが、基本的には、センテンスの繰り返しによる強調である。次に個別的に見てみる。

2.5.2　センテンスによる強調形式

まず、センテンスによる強調の形式として、機能語からなる定型表現の That's what it is を取り上げる。次のような事例である。

（158）a. "Negative impact? It's the goddamned Chrysler building. *That's what it is*!"
（「軽微損害だと、クライスラービルなんだぞ、クライスラービルだ！」）
　　　 b. "This is a mad house. *That's what it is*. A mad house." (TZ13)
（「こいつは狂気の館だ、そう、そうなんだ、狂気の館…」）

(158a) は米国映画 *Godzilla* (1998) のセリフである。ゴジラがマンハッタンを走り回り、クライスラービルの一部が破壊される。偵察中のパイロットが "Negative impact" と無線で無機質に報告した直後に、ニューヨーク市長が思わず叫ぶ場面である。(158b) は、奇妙な空間に閉じ込められた話し手が、次々と起こる不可思議な現象を前にして、思わず口にした発話である。that は直前の名詞を指しているので、that を使わずに、次の言語形式へとつながった場合、(157a) のようになる。つまり、(157a) は、"It's supposed to be very valuable hand-blown glass. That's what it is" の融合型であると考えられる[39]。

強調形式の That's what it is が対話の中で出現することもある。

---

[39] That を使うと強い響きとなる。多くの例では、独立して、That's what it is となるが、融合型も散見される。次も同類例である。
　　(i)　a. Uh, he's a closet yuppie is what he is. 　　　　(LGSWE: 1066)
　　　　 b. He's our own "Mr. Bevis" is who he is. 　　　　 (TZ28)
　　(ia) は、LGSWE で統語融合 (syntactic blends) の一例として挙げているものである。統語融合については、第4章で触れる。

2.5 「強調」について

(159) A: "Right, a footprint. It's 20 feet long . . . ."
　　　B: "*That's what it is*, all right, a footprint. But this part is only the toe."　　　(TZ11)

(160) A: "It's some kind of madness or something."
　　　B: "*That's what it is*, all right, some kind of madness."　　　(TZ27)

Bは、Aの述べた表現について、「たしかにそうだ」といった強い同意を表している。that の指示する名詞句が後半に、独り言のように繰り返されることが多い。

That's what it is では、文脈によっては what it is の部分が変化することがある。

(161) a. "All those little bugs down there, you see, bacteria. *That's what they are*."　　　(TZ14)
　　　(「下のあそこにいる小さい虫けらども、見えるだろ、バクテリアだ！ そう、バクテリアだ！」)

　　b. "You're the mannequin. *That's all who you are*."　　　(TZ01)

　　c. ". . . . You're jokes, *that's what you are*. You're hysterical jokes with your hurt looks and your sad little homilies, your pathetic clichés. You're like walking tape recorders, *that's all you are*."　　　(TZ21)
　　　(「(家事ロボットたちに対して)あなたたちには笑えるわ、まったくね。ニコリともしないし、気が沈むようなお説教、バカみたいに同じことばかり . . .。あなたたちは歩く録音機よ、ただの録音機にすぎないわ」)

　　d. " . . . And a head with the face painted on. *That's all it is*, a great, big, inflatable monster, like in the Macy's Thanksgiving day parade, . . ."　　　(TZ11)
　　　(「顔をペンキで描いた頭、そうあれなんだよ、ばかでかい、風船の怪物、メーシーズ(百貨店の名)の感謝祭行列にあるみたいな」)

いずれも、前文に NP is X のような判断文があり、That（＝X）is what/all

NP is のような形式で、同様の内容を繰り返しているものとみなせる。なお、all があるときは、only のような語感を強める。

これらは、X is Y の形式の繰り返しによる強調であるが、次の例では redeem us で表されることばに反応している。

(162) A: "They're, well, they're redeeming things."
B: "What things?"
A: "All kinds of things as long as you got the pawn ticket."
C: "Even if you don't, they will remember."
A: "<u>They're redeeming us</u>. *That's what they're doing*. It's the loveliest gesture I've ever seen."(「私たちの借金を棒引きにしているんです、そう棒引きにしてらっしゃるんです。見たこともないステキな行為だわ」) (TZ23)

ここでは、他動詞文が同じ内容のセンテンスを繰り返して強調されている。

また、文を越えた談話の領域において強調するパターンもある。(163)は、(157b)の文脈を少し広く引用したものである。

(163) "Mrs. Gomly, it's just a plain old glass wine bottle. ^(a)<u>Do you know what it's worth actually?</u> ^(b)<u>Nothing</u>. ^(c)<u>Not even a deposit</u>. If you could find the store where it came from, ^(d)<u>that's what they'd give you</u>, ^(e)<u>nothing</u>." (TZ23)

(164) *Crangle*: "Well, well, what about it? ^(a)<u>What are you going to do?</u>"
Mr. Hall: "^(b)<u>Nothing</u>, Mr. Crangle. ^(c)<u>Not a thing</u>. And if you'll forgive a suggestion, ^(d)<u>that's what I think you should do</u>, too, ^(e)<u>nothing</u>." (TZ14)

2つを比較して見ると、(a)から(e)の流れがほぼ並行的なパターンとなっている。(163)は、It's worth nothing という内容を、(164)は、You should do nothing という内容をただ強調するために、さまざまな方法で長々と語っていると言える。ただし、これらはラジオドラマのセリフであるので、芝居がかった(theatrical)強調であると言うことはできるであろう。

2.5.3　主節部の断片化

SL では発話行為やモダリティに関わる部分が分離することがある。

(165)　A: "... I hope you'll be happy with us."
　　　　B: "Oh, very happy, *I'm sure*."　　　　　　　　　　(TZ21)

I'm sure I'm very happy が通常語順であるが、(165B)では、I'm sure という主節部が分離し、さらに従属節部には状況省略も現れている。このような主節部の断片化の現象が SL では見られる。その原因は、第 1 章で触れたように、SL では対面での発話の力を強めるために、モダリティを担う部分が伝達される命題部と分離する傾向があるからである。

　動詞 promise で見てみよう。promise は遂行動詞であるが、断片化する傾向が非常に強い。

(166)　a. "I won't play, *I promise*."　　　　　　　　　　　(TZ12)
　　　　　（「もう遊ばない、約束するよ」）
　　　b. "I'll, I'll do what you ask, *I promise*."　　　　　　(TZ21)
　　　c. "I'll drive more carefully from now on, *I promise*."　(TZ17)
(167)　a. "Sit down, Connie. It's gonna be all right, *I promise*."　(TZ49)
　　　　　（「座って、コニー、大丈夫だよ、絶対に」）
　　　b. "Things will change, *I promise*. I swear it. Give me one more chance. OK?"　　　　　　　　　　　　　　　(TZ04)

I promise の部分は発話行為を担っているので一人称主語の現在形である。もし三人称が分離・後置され、かつ過去形で表現されると (e.g. "He won't do it again, he promised."）、それは発話行為ではなく「...と言って約束した」というような say 型の意味で解釈される。(167)の場合は従属節部が主語の意志を表す文ではないので、厳密な意味での遂行動詞から変化している。この場合は、ことさら断片化する傾向が強いようである。

　一般に、認識動詞や遂行動詞は、主節から格下げされて、付加的な節になることがある。後置されると意味が微妙に変化して、対人的な表現の意味合いを強める傾向がある。

(168) A: *I insist* you join us tomorrow. It's your project.(「明日君も参加するようにして欲しい。君のプロジェクトだからね」)

B: OK, I'll reschedule my other meeting.

(169) A: Join us tomorrow, *I insist*. It'll be fun.(「明日ご一緒に、是非とも。楽しいですよ」)

B: Are you sure? Isn't your car full?

例えば、(168)では、自らの要求を表明している。一方、(169)では、I insist という節断片は、通例命令文に付加されて、対面の人に対する勧誘を表している。この場合、明らかに対人的な関わりを表す表現になっていると言える。

同様な例の定型表現 I take it (〜だと思う)を見てみよう。(170)のように、I take it that といった形で従属節を導くことがあるが、that が消えて後置される場合がある。

(170) a. "And then *I take it that* this street, this Maple Street is not unique." (TZ27)

(171) a. "You thought a lot about this, *I take it*." (TZ11)
(「このことについて十分考えられたんですよね...」)

b. "You received the midterm grades for my class, *I take it*." (TZ06)
(「私の授業の中間試験の結果は受け取られたことかと...」)

c. "Biddle's not yet, *I take it*." (TZ16)
(「ビトル氏はまだ来てないよね...」)

(170)は、I assume that とほぼ同じだが、(171)の場合は、相手が行った行為や自分の判断などについて確認する機能を持つ。後置されることで付加疑問文のように、相手に向かって「...なんですよね」と言っているような対面性が感じられる。

主節と従属節が分離するという点では、間接疑問文の独立化も同じ方向性を持っている。例えば、(172)のように、間接疑問文を導く動詞の目的節が独立して、直接疑問文として現れることがある。主節部は後置されて

はいないが、後続部が直接疑問文となっているので、主節部の分離・断片化現象の1つである。

(172) a. "*I was wondering*, do you ever get tired?" (TZ21)
（「お疲れになることがあるのかな、と」）

b. "*I wonder*, could I see the room?" (TZ17)

c. Milly, *I was wondering*, do you think, could I, well, take you to lunch sometime when you're not busy, that is .... (TZ15)

d. "So *tell me*, Mr. Selden, are you here for a while?" (TZ27)
（「で、教えて、セルデンさん、しばらくこちらに？」）

e. Please *tell me*, what am I?" (TZ01)

学校文法的には、疑問節を導く動詞の目的節内は間接疑問文の形式である。しかし、一人称の場合、対面状況では、疑問節を取る主節部が疑問文導入のマーカーのように現れて、結果的に直接的な疑問を和らげていると考えられる。

また、認識動詞類が疑問の形式で後置されることもある。対面の相手 (you) が主語となる場合にほぼ限られ、その意味で対面での一種の念押しのような強調となる。

(173) a. "Mother, we'll lead normal lives from now, *do you understand*? Normal lives." (TZ21)
（「お母様、これからは普通の生活を送るんですのよ、わかります？普通の生活よ」）

b. "It's awfully bright in here, *do you think*?" (TZ15)
（「この中、ひどく明るいわね、そうでしょ？」）

c. "Better make that the last, *don't you think*, Mr. Bevis?" (TZ28)
（「これを最後にしなさいな、そう思わないか、ビービス君」）

(173c) では、前半部に you の状況省略が起きている。

さらに、第1章でも触れたが、2つの疑問の形式が並ぶ場合もある。

(174) a. "What's up, *do you think*?" (TZ28)

b. "Do they have drinks, *do you know*?" (TZ05)

通常の文構造で主節として現れる部分が節末に転置移動して、従属部が主節化しているように見える。ただ、(174)の場合は、斜字体部が付加的な感じではなく、2つの疑問文が併置された形と思われる。

また、know の場合は、節構造の前半部に分離・断片化する場合と後半部に分離・断片化する場合がある。(175) と (176a) のような後置型では、先行文脈で言語化された内容について「知っているか」、「知らないのか」と聞いて、自分の主張・陳述を強める働きがある。逆に、(176b) のように、前半部に断片化すると、what を伴って、これから述べる事柄への関心を引く談話機能がある。

(175) A: "... You can read about it in *National Geographic*. *Don't you know that*?"
B: "Sure I do." (TZ27)
(「それについてナショナル・ジオグラフィック(月刊誌の名)にも書いてあるよ、知らないのかい?」
「知っているよ」)

(176) a. "I find you insufferable, sir. *Do you know that*?" (TZ27)
(「あなたには耐えられません、おわかりになります?」)

b. "*Do you know what*? You made a terrible mistake. Very, very terrible."[40] (TZ27)
(「言ってあげようか、君は大変なミスをしたんだ、とてもひどいやつをね」)

(173)から(176)の事例は、対面状況で命題部と疑問を表す部分とが分離される傾向を示している。

say/tell などが一人称で使われると、主節から離れて断片化することがある。(177)や(178)の斜字体部はある種の発話行為表現で、従属節の陳述の

---

[40] (176b) の what の用法は次例にも見られる。
(i) "Well, *I tell you what*. You draw me a blue print and some specifications, and Mr. Clock and I will give it a try." (TZ37)

2.5 「強調」について

力を強める働きがある。I tell you が現れるところでは、通例先行文脈上で否定命題が現れている。例えば、(177)では、先行文脈で、それぞれ she is not happy, it's not the kid といった表現が現れており、それを受けて強く肯定しているのである。また、I say は自分の主張の強意である。これらの表現は、(179)で見られるように、断片化して現れることがある。

(177) a. "But *I tell you* she is, sir. See, see what she is doing now." (TZ05)
(「でも、いいですか、彼女はそう(＝幸せ)なんですよ、見て、見て、あの子が今していることを」)

b. "*I tell you* it's the kid. It's Charlie." (TZ27)
(「いいですか、(犯人は)その子なんですよ、チャーリーなんです」)

(178) A: "Was your grandfather in the war, by any chance?"
B: "No."
A: "In that case, *I say* we have something of a mystery at hand."
(「だったら、不思議なことがある、ということだな」) (TZ22)

(179) a. "For all the world to see, I'll make them all two feet tall. Two feet tall, *I say*." (TZ14)
(「世界の耳目に触れるべく、人々全員を2フィートの背にするんだ、いいか、2フィートだ」)

b. "Nate, we got to get out of here, *I tell you*, before they hang it on us." (TZ08)
(「ネイト、俺たちのせいにされないうちに、ずらからないと、なあ」)

c. "I'm all right, *I tell you*." (TZ46)
(「私は大丈夫だ、って」)

前置きの場合は主節と従属節の構造関係を保っているように見えるが、意味的には断片化しているとみなせるだろう。例えば、対面で命令の力を強めるとき、断片部の I say が命令文の前置きのように置かれる。

(180) a. "...*I say*, take off your garter belt and throw it out, now." (TZ37)

（「いいですか、ガーターベルトを外して、捨てるんですよ、さあ！」）

b. "*I say*, get out of my store, all the way out. You have a filthy mouth, sir." (TZ37)

（「私はですね、店からさっさと出て行って下さい、って言っているんです。下品ですわよ」）

最後に、疑問文形式に関して、SL で散見される構造的な変化について 2 つほど補足する。SL では、まず wh-疑問文で発話して、自らの当面の答えを上昇調で聞く、といった分離形式がある。

(181) a. "Um, where is that? *On the bus*?" (TZ49)

（「あれはどこ？ バスの中かい？」）

b. "What are you telling us, Les? *That there's something going on*?" (TZ27)

（「レス、何を言いたいんだい？ 何かが起こっているってこと？」）

c. Where is my bag? *On the shelve*?

1 つの文で言えることを 2 つに分けて述べており、冗長性があるが、wh-疑問文で問う事柄について自ら答えることでそこに焦点を当てる形式であると考えられる。

また、通常は wh-疑問句は接頭に移動するが、ある対面状況では、次のような無移動形式がある。

(182) A: "You've been married *for how long*?"

B: "50 years." (TZ45)

（「結婚されて何年？」
「50 年です」）

(183) A: "Doing *what*, may I ask?"

B: Well, I once worked at an office. (TZ04)

（「何されていたのですか、ちなみに」
「まあ、一度オフィスで働いたことがあります」）

(184) A: "You won't find me on your passenger list, captain."

B: "Oh, and you got onboard *how*?　　　　　　　　　(TZ34)
（「私の名は乗客名簿にはありませんよ、船長」
「ほう、で乗船したのは、どういう方法で？」）

(182) は健康会社の受付、(183) は職業紹介所の窓口での会話であり、(184) は不審な乗船客 A が船長 B に取り調べを受けている場面である。話し手は、wh-句以外の部分はすべて前提にしており、wh-句の未知情報のみを求めている[41]。

2.6　まとめ

　本章では、SL の特徴の 1 つである場面性・対面性と関係する言語現象の中から、「状況省略」、「タグ表現」、場面に密着した「定型表現」、そして「強調」の形式の 4 つを選んで考察した。まず、2.2 節では、SL には言語要素の欠落である省略がたしかに多いが、それは決して無秩序な現象ではなく、英語の文法的な仕組みが背後にあって成り立っていることを見た。2.3 節では、SL に広範囲に観察される機能語断片のタグ表現を取り上げた。タグは学校文法では疑問文や命令文などの構文形の付属物として扱われているが、本書ではタグの形式自体に存在意義を求めて、対面のやりとりでモダリティを表す働きを担っているものとして考察した。2.4 節では、SL に比較的多く観察される場面に密着した表現を概観すべく、とくに機能語からなる定型的な形式について考察した。最後に、2.5 節では、SL には、WL には観察されないさまざまな強調の形式があることを見た。
　4 つのうちで、定型表現や強調の形式は SL 特有の現象とは言えないが、状況省略とタグ表現については、明らかに SL だけに見られる現象である。この状況省略とタグの表現が頻繁に観察されるために、SL は欠落的であり、断片的であるという印象を持たれがちであったが、本章の記述から、SL の背後にも WL と同様に文法の仕組みが存在していることが理解されたと思う。

---

[41] CGEL では、陳述 wh-疑問文（declarative wh-questions）と呼び、この形式がインタビューや尋問を想起させる、としている（CGEL: 817）。

第 **3** 章

時間に急かされる宿命
——リアルタイム性に関わる諸相について

　人が事前の準備もなくリアルタイムで話をするときには、言いたいことがすべて決まってから話し始めることは少なく、むしろ伝えるべきことが決まらないうちに話し始めて、途中で言いよどんだり、あるいは、同じことを繰り返したりする。また、話している途中でことばを挟んで複層的に何かを語る、といったこともある。さらには、沈黙を避けるために、頭に浮かんだことを口にしながら、ことばを加え、つなげていこうとする。時間に急かされた状況で生み出される言語はある意味でまとまりがなく、整理(editing)できる時間が与えられた状況で生み出される言語とは当然異なってくると推察される。

　本章では、SL の 2 つ目の特徴であるリアルタイム性に基因する諸特徴を、主にインタビュー・データの分析を通じて考察する。3.1 節では、インタビューの事例観察を通じて、SL の大まかな特徴を概観する。次いで 3.2 節では、Levelt (1989) の発話モデルを紹介する。そして、3.3 節以降においては、「挿入」、「繰り返し」、「構造の変容」といったキーワードで、さまざまな特徴の個別の考察を行う。

3.1　リアルタイムで進む発話の事例観察

　リアルタイムで進む発話においては、そのリアルタイム性に基因する SL の特徴が同時多発的に現れるので、1 つの特徴だけに注目できる例を引用することは難しい。1 つの特徴だけが含まれる部分を局所的に引用すると、

全体の意味内容が不明瞭となってしまう。逆に、伝えようとしていることがある程度わかるような長さのものを引用すると、複数の特徴が混在しているような例になってしまう。そこで、個別の特徴の議論に入る前に、まず、少し長めの引用で大まかに特徴を観察したい。

(1)は、英国ウエールズ出身の女性歌手 Katherine Jenkins (KJ)が、故郷ウエールズを紹介してほしいと言われて、答えるところである。聞き手(M)は男性である。

(1) M: Could you tell us about Wales, *like* the place you're from, obviously, and I think *like many, many, er,* readers of us are interested in the country . . .

KJ: Oh, good . . .

M: . . . and, (i)*yeah*, they probably want to visit the country, and *uh*, they're . . .

KJ: (ii)*Oh, well*, I would love them to go and visit the country because I'm *very, very* proud of being Welsh. *Um, you know*, it's a country that's part of Great Britain, but it's still its own country in that *we have our own language, and we have our own assembly, our own government*, a*nd, um*, it's just a very beautiful country. *Lots of mountains, lots of green. Um,* sheep is *like, sort of, like* the animals which are everywhere. *And, um, also a really lovely coast line*, so *many beautiful beaches.* But the people there are very friendly, and I think that's the most important thing *is that* people in Wales, *they* really value family and friends, and so there's a real sense of community. [07081 ①][1]

インタビューは一人語りではなく対話なので、発話の重なりや話者の転換

---

[1] インタビューのデータは雑誌 *English Journal* (アルク)のインタビュー記事から引用した。事例に付した四桁の数字は当該インタビューが掲載されている巻号の西暦と月を記号化したものである。巻末に引用の一覧を挙げる。

(turn-taking)を示すシグナル表現がある。例えば、下線(i)の yeah は、KJ が "Oh, good" と発話したことに対する M の反応で、この部分では両者の発話はほぼ重なっている。そして、(ii)の Oh や well は話題を変えるシグナル表現である。ふつう、インタビューでは、聞き手が話題を変えて新たな質問をし、インタビューされる人は、その質問を受けて発話を開始するので、談話上のシグナルが冒頭に現れやすい。例えば、次のような so と well がそういったシグナル表現である。

(2) A: *So* what do you think the three keys to your success are?
　　B: *Well*, I think a lot of it goes back to those values, right, I mean the values often come from the founder or the person running the company.　　　　　　　　　　　　　　　　　　　　　　[1204 ①]

(2)では、A は so で質問に入る。B はいきなり答えず、well と一呼吸おいて答えている。下線の表現は、質問と応答の内容のやりとりとは別の次元にあって、質問/応答という談話の流れを制御しているので「談話マーカー」と呼ばれる。同様に、(1)の KJ の発話冒頭部の(ii)も、自分の発言を始めることを示す談話マーカーである。

　さて、(1)の構造的な特徴に目を向けてみよう。リアルタイムの発話を文字化して視覚的に追うと、文法的な関係にわかりにくさを感じる。その理由は、第2章で見たような省略に加えて、断片の「挿入」や同じような表現の「繰り返し」があって、文法的な構造関係が不透明になっているからである。

　(3)はフルート奏者の Paula Robinson が音楽や自分とフランスの作曲家との相性について語っている部分である。

(3) I always have felt comfortable with the French composers because the flute is able to say things, music *can say, has word for things* when there are no *words, written words*, and the flute has the capacity . . . , very often composers have turned to the flute to express those inexpressible things. Because the flute *is very, has a mysterious quality*.

It's like birdsong. When we hear the birds singing, as Messiaen said, the great composer, it's *a hint of heaven, a hint of worlds beyond what we understand.* And the flute has that same capacity to do that. [1008 ①]

出身地を紹介するといった身近な内容と異なり、(3)では比較的難しいことを語ろうとしている。そのため、同じ表現を途中で「言い換え」てみたり、言いかけた表現を途中で「言い直し」たりしているところが多い。こういった言い換えや言い直しの存在も、リアルタイムの発話の構造関係を不透明にする要因となっている。

以下は、女優 Sandra Bullock が映画『しあわせの隠れ場所』で演じる実在の人物 Leigh Ann に会ったときのことを聞かれて答えるところの一部である。

(4) Initially, uh, when I was approached with the film, I, I, ⟨*beautifully written story, you could see it play out,*⟩ I didn't know how to play Leigh Ann. [1009 ①]

(4)では、本来 "When I was approached with the film, I didn't know how to play Leigh Ann." となるはずの発話の途中に、⟨ ⟩で示された部分 "(it's a) beautifully written story, you could see it play out" が、思い出されたかのように挿入されている。どうやって演じていいかわからなかった、という発言の背景としての挿入である。

以上の引用の中で見られる特徴についてまとめると、次のようになるだろう。

(A) 言語形式が挿入される
 (a) um, uh, er などの「埋め子 (filled pauses)」が挿入される
 (b) sort of, kind of, like などの緩和表現が挿入される
 (c) well, oh, you know などの談話マーカーが挿入される
 (d) 主節の中に従属的な句や節が挿入される
  ・I, I, *beautifully written story, you could see it play out,* I didn't know

how to play Leigh Ann.

(B) 言語形式が繰り返される
　(a) 同一の語や表現が繰り返される
　　・I'm very, *very* proud of being Welsh
　(b) 句・節の挿入後に機能語が繰り返される
　　・I, I, (. . .) *I* didn't know how to play Leigh Ann.
　(c) 基本的な構造が繰り返される
　　・. . . we have our own language, and *we have our own* assembly, *our own* government.

(C) 特異な構造的変容がある
　(a) 言い換えがある
　　・it's a hint of heaven, *a hint of worlds beyond what we understand*
　(b) 言い直しがある
　　・. . . music can say, *has word for* things . . .
　　・. . . the flute is very, *has a mysterious quality.*
　(c) 2つの構造の混合が見られる
　　・. . . that's the most important thing is that people in Wales, they really value family and friends.

　まず、(A)で挙げたように、リアルタイムで進む発話にはさまざまな挿入形態が見られる。そして、(a)から(c)の挿入形態と(d)の挿入形態は異なる。前者は伝えたいメッセージの流れの途中に、何らかの固定的な音形式が「突っ込み」で現れるタイプである。このような挿入は発話の流れを止めるので、流暢性(fluency)を阻害するものと否定的に位置づけられている。
　表現形を持たない単なる音である(a)のタイプは、日本語の「えー」や「あー」、「うー」に相当し、発話途中の「ポーズ」効果(遅延効果)があり、沈黙と同一線上にある。(a)のように音形があれば filled pauses と呼ばれる。本章では取り扱わないが、単なる沈黙ならば unfilled pauses と呼ばれる。一方、(b)や(c)のタイプは語形が固定した「不変化体(particles)」とし

て発話中にいわばちりばめられるように挿入される[2]。他方、(d)の場合は単純な突っ込みの音形出現とはまったく異なり、何らかの理由で順序に変更を伴う挿入である。こういったさまざまなタイプの挿入については、3.4節で論じる。

　次に、SLの顕著な特徴として、(B)で挙げた「繰り返し」がある。SLには同じような語句や構造が繰り返される現象がよく観察される。WLにも繰り返しは存在する。しかしながら、SLにおいては、時間に急かされているという条件により繰り返しが別の意味を帯びる。リアルタイムの条件下では、繰り返しは余剰性を生み、話し手と聞き手の双方で情報処理のスピードを落とすことにつながる。また、繰り返しという現象は、繰り返される部分と繰り返されない部分の対比を生み出し、そのいずれかをハイライトする効果を持っている。このような繰り返しのさまざまな諸相については3.5節で考察する。

　(C)の特徴では、(a)の「言い換え」はreformulationsと呼ばれ、(b)の「言い直し」は、false startsやrepairsといった用語で呼ばれる。また、(c)は、「統語融合(syntactic blends)」といった用語で呼ばれてきた現象である。言い換えはWLにも存在するが、多くはレトリックの効果のためである。だが、リアルタイムで進む発話では、口から出たことばは取り消すことができないので、言い換えはすでに発話されたことへの追加・修正といった働きを持つ。その意味で繰り返しに通ずるところがあり、実際、言い換えでは繰り返される共有部分がある。一方、(b)と(c)の構造的変容はWLには見られないSL固有の特徴である。こういった変容については、3.6節と3.7節で取り扱うことにする。

　(A)から(C)の3つの現象は、SLが統語的に秩序を欠いて「崩れた」ことばであるという印象を与える主要な要因になっている。たしかに、視覚的な文字として見れば構造関係が不透明で、何がどうつながっているのかうまくつかめない箇所もある。しかしながら、音声として聞くのであれば、原則として、理解に支障を来すことはない。本書では、基本的に、母語話

---

[2] Schourup(1985)は、「談話小体(discourse particles)」と呼んでいる。

者が発話したことばである限り、それを「非文法的である」とか、「正しくはこうあるべきである」といった立場は取らない。言語構造がWLの文法から「崩れて」見える原因を、話者のパフォーマンスの要因、例えば、記憶や注意の多寡といったことによるものだとして、言語分析の考察から切り離すのではなく、むしろ「崩れ」はリアルタイムで進む発話状況で発生する必然性のある特徴とみなす。逆説的であるが、構造を不透明化させている要因にこそ、リアルタイムでの発話の産出や理解を容易にしている原因があるのではないか、そういった視点を持って考察を行いたい。

　本章で分析の対象とするインタビュー・データについて一言触れておきたい。母語話者がリアルタイムで発話するときに生じる構造的な変化について考察することが目的なので、原則として、非母語話者と判断される話者のものは除いた。また、母語話者であっても演説や講演は事前準備の可能性があるので、それも対象から除いた。インタビューを受ける者は映画俳優や歌手・音楽家などのアーティスト、政治家や企業人、さらに学者やことばのプロである小説家・著述家など多岐にわたり、その語りは決して一様ではない。実のところ、リアルタイムで進む発話においては、個々人の語り方の差が著しい。発話における「癖」とでも言うべき特徴が立て続けに出現している話者もいれば、そのような特徴が一切見られない話者もいる。第1章でも触れたが、spokenモードの言語は共通性よりも差異が目立つのが実態である。したがって、ある特徴がSLで際立っていると指摘したとしても、それがすべての話者に等しく観察されるわけではないことは断っておきたい。

3.2　発話のモデル——Levelt(1989)のモデル

　個別の現象の考察に入る前に、人が話すときのプロセスとはどういうものであろうか考えてみたい。素朴なイメージとしては、まず人の心の中に、何か伝えたいことや言いたいことが生まれて、それに、母語の文法規則に従って言語という形式を与える、そして、最後に物理的な音声として発する、といったものであろうか。それぞれの段階を、概念化、言語化、音声

化として表せば、下図のような線形的なプロセスとなる。

```
概念化 → 言語化 → 音声化 → 発話
```

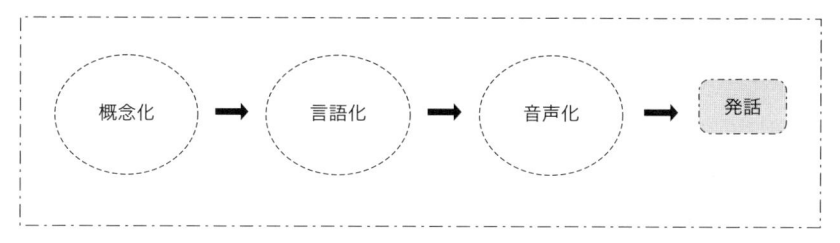

図1：発話化のイメージ

単純な命題的アイデアであれば、このようなモデルでよいかもしれない。だが、現実の発話は工場の生産ラインから出てくる製品のように生み出されるのではなく、3.1節で見たような複雑な様相を呈している。

　リアルタイムで進む発話で興味深いのは、自分がいま何を発話しているのか、また、それをどのように発話しているのか、といったことを話し手自身が常にモニターしながら話していることである。例えば、言おうとしていたことと違ったことが口から出た、あるいは適切に言っていない、と気づいたら、自らの発話の流れに介入したり、発話を止めたり、その場で修正を加えたり、言い換えたりといったことがある。また、伝えようとしたことを言語化していくうちに、途中でうまく構造がつながらないと気づいたら、局所的な修正や調整すらあきらめて、はじめから言い直し始める、といったことすらある。

　Levelt(1989)は、上記の素朴なプロセスのイメージを反映しつつも、こういったモニターの働きを組み込んで、話すことのプロセスのモデルを提示している。Leveltによると、人がことばを発する場合、知識を伝えるにせよ、求めるにせよ、あるいは感謝や謝罪を行うにせよ、ふつうは何らかの発話の「意図(intention)」があり、それが出発点になる、という。まず、さまざまな関連情報を利用して、その意図の実現のために言いたいことを「心の中に抱く(conceive)」段階がある。ここでは、言いたいことは概念やアイデアといった存在であって、個別言語を越えた普遍性を持っている。次に、この個別言語に依存しない概念を、個別言語の仕組みに沿って、言

語表現として「形成する(formulate)」ことになる。さらに、言語形式として構成されるものには文法と音韻の構造があり、そのうちの音韻の構造をもとに物理的な音へと「音変換する(articulate)」ことになり、この段階で初めて外界に向けた発話となる。Leveltは、以上のような3過程(conceiving, formulating, articulating)を次のような見取り図(blueprint)において説明している。

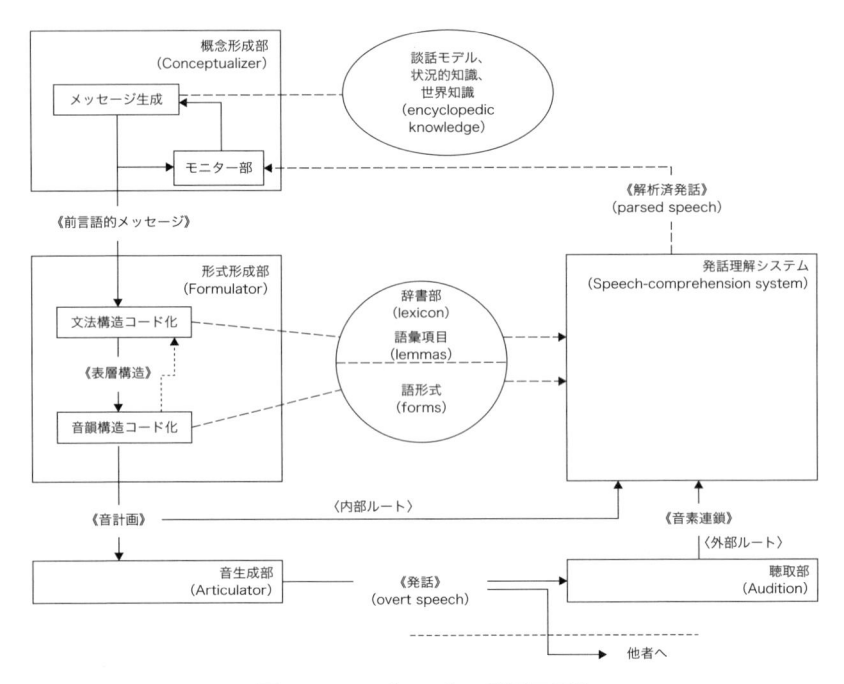

図2: Levelt（1989）の発話モデル

まず、[概念形成部]において、言いたいこと・伝えたいことが「メッセージ」として生成される。その際には、話される場面状況やさまざまな言語外の知識などが援用される。メッセージの単位は、必ずしも命題のような整理された形ではなく、思考・アイデア、あるいはその断片のような場合もある。したがって、言語形式としては、必ずしも文ではなく、語や句といったさまざまな形で出現する。図のように、[概念形成部]で生成される

3.2 発話のモデル——Levelt(1989)のモデル

メッセージは、そこから出力される前にすでに、［モニター部］でチェックを受けている。この概念形成前のモニターとは、例えば、場面での適切性とか、言語以前的な意図に関わるものとされている。

　［概念形成部］からは《前言語的メッセージ(preverbal message)》が出力される。これは言語化される前の構成体なので、個別言語に依存しない形式である。例えば、「概念意味論」の表記を使うならば、日本語の「その花は美しい」や英語の"The flower is beautiful"に対しては、［BE([FLOWER], [BEAUTIFUL])］といった形式でイメージできるかもしれない。この前言語的メッセージは、次の処理部である［形式形成部］へのインプットになる。［形式形成部］には2つの処理部門がある。まず、前言語的メッセージは［文法構造コード化］部門に送られて、《表層構造(surface structure)》が出力として生み出される。次に、《表層構造》は［音韻構造コード化］部門に送られ、そこで音韻構造が付与される。こうして、［形式形成部］の出力として、《音計画(phonetic plan)》が生み出される。［音韻構造コード化］部門から［文法構造コード化］部門への矢印は、生成文法の拡大標準理論の時代に音韻構造が表層構造のレベルに影響を与えることが認められたことを反映している。また、文法構造や音韻構造が構成されるときは知識のストック部である語彙部門の総合的な語彙情報を利用するので、図にあるように、語彙部門は［形式形成部］に対して線が引かれている。［形式形成部］の最終出力である《音計画》は、物理的な音声へ変換される直前の「内なることば(internal speech)」である。《音計画》は［音生成部］において、筋肉組織を使った声帯の振動といった筋運動に変換され、物理的な音声としての《発話(overt speech)》が出力される。この段階になって、話し手が言いたいこと・伝えたいことが他人にも聞き取れる発話となって出現することになる。また、同時に、発話は［聴取部］で聞き取られて、音素解析を経て、解釈部である［発話理解システム］へ送られる。

　話し手は自らが語っていることを常にモニターしている、と述べたが、発話をモニターするためには解釈装置がいる。監視員といってもよい。もし発話のプロセスのあらゆるところでモニター機能を想定すると、同じチェック能力を持った監視員がたくさん必要になる。そういった理論構成

上の余剰性を避けるために、Levelt は監視員を図の左の概念形成部、形式形成部、音生成部には置かずに、［発話理解システム］として右の 1 ヵ所に独立させて置き、そこへ入出力されるルートを示すことで、モニター機能を表現した[3]。そして、Levelt の見取り図で大切なことは、話し手の発話をモニターするプロセスを、2 つ想定したことである。音声化前の《音計画》を直接的に［発話理解システム］が理解して、モニターする「内部ルート」と、自らが音声として発した物理音を他者と同じように話し手自身が耳で聴取し、それを同じ［発話理解システム］が理解して、モニターする「外部ルート」である。したがって、概念形成部とのルートを加えると、Levelt (1989)では、speaking においては、モニターが 3 つのループで作用していることになる。

Levelt の見取り図では、各処理部門が生成文法の拡大標準理論などを意識した複雑な配置になっている。必要なところだけに絞った簡略モデルでモニター機能を確認してみよう。

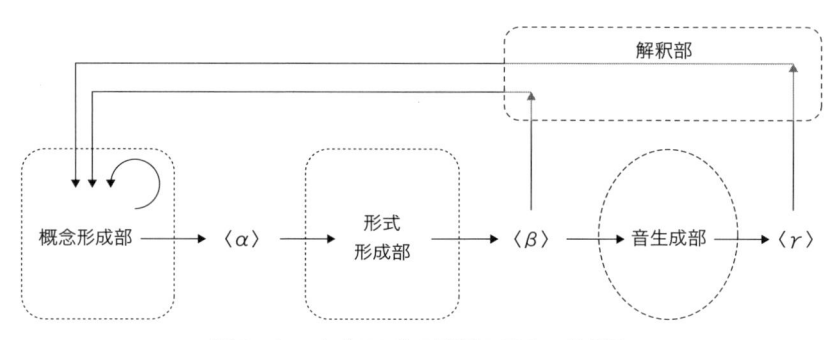

図 3: Levelt (1989)の発話モデルの骨組み

$\langle \alpha \rangle$ は概念形成部からの出力で、ここでは個別言語に依存しない一般的な概念構造を持っている。したがって、個別言語に依存した、例えば、順序といったものはない。$\langle \alpha \rangle$ はメッセージの単位であり、リアルタイムの発

---

[3] ただし、監視員を 1 ヵ所に集めたことは、心身二元論におけるホムンクルス(homunculus)が一人になっただけで、根本的な「解釈問題」は残っている。

話では必ずしも文のまとまりを持っているわけではない。$\langle\alpha\rangle$ が形式形成部へ入力され、英語なら英語の、日本語なら日本語の文法構造が形成される。$\langle\beta\rangle$ は個別言語の構造が付与された形式形成部の出力である。$\langle\beta\rangle$ は音声がまだ付与されていないので、発話前の思考ともいうべき存在である。この $\langle\beta\rangle$ の段階で一度モニターへのループがある。このループは、いまから言おうとしているが、まだ音声になっていないことをモニターするループになる。次に、$\langle\beta\rangle$ は音生成部へ送られて、物理的な音が付与され、$\langle\gamma\rangle$ が出力として出てくる。$\langle\gamma\rangle$ は現実の音声としての発話そのものである。Levelt の発話モデルでは、$\langle\gamma\rangle$ の段階でもループを構成する。つまり、発話者は、自らしゃべった音声を自らモニターして、例えば、間違ったことを言った、となれば、このループのモニターによって、即座に修正あるいは再調整を受ける。

　Levelt(1989) のモデルは、主に「言い間違い(speech errors)」についての実験結果に基づいている。ある種の言い間違いの修正には、実際に口から出た音声にモニターが作用して、修正していると考えられる例がある。したがって、$\langle\gamma\rangle$ からのループはたしかに存在するように思われる。一方で、問題は概念部のループと $\langle\beta\rangle$ からのループである。この2つは音声を伴わない段階なので、物理的に検知できない脳内のプロセスである。本章では、データ・インタビューを使って、リアルタイムの発話の特徴を探ろうとする。その際、これから語られること、あるいはまだ語られざることについてモニターが作用していると思われる現象がある。以下では、観察される現象の説明のツールとして、本節で述べた Levelt のモデルに言及することがある。

3.3 「挿入」について

　リアルタイムの発話には WL にはふつう見られないさまざまな種類の挿入表現が出現する。そして、その中には形式が固定化して1つの符牒として発話内でちりばめられたかのように現れるものがある。その機能を一律に扱うことは難しいが、少なくとも言えるのは、そういった符牒的表現は

伝達内容の中心である命題情報的な領域とは別の次元に属しており、話し手の主観的な判断・態度といったモダリティ的な領域に関わっている、ということである。

こういった表現類を、C&M は「語用論的マーカー(pragmatic markers)」と呼んで記述している。本書 103 頁の(A–b)にあるような表現は「ぼかし表現(hedges)」と呼ばれるグループで、メッセージの断定性(assertiveness)を避けて、表現を「ぼかす」効果を持っている。また、(A–c)は、C&M の分類では、「談話マーカー(discourse markers)」のグループに入り、談話の流れを制御したり、伝達内容に対して話し手自身が何らかの意図(intentions)を示す働きがある[4]。

ぼかし表現や談話マーカーに属する表現は WL にも見られるので、SL 固有のものとは言えない。しかし、個々の表現について見ると、SL でしか観察されないものがある。本節では、さまざまな語用論的マーカーの中でも、とくに SL だけに頻出する断片的形式を持った事例について考察する。3.3.1 ではぼかし表現、3.3.2 では談話マーカーについて述べる。

3.3.1 ぼかし表現

C&M では、次のような表現を「ぼかし表現(hedges)」としている[5]。

---

[4] その他の語用論的マーカーとしては、伝える内容について話し手の立場や態度を表す「スタンス・マーカー(stance markers)」、談話に対する感情的な応答や反応を示す「間投的表現(interjections)」がある(C&M: 208–240)。

[5] Lakoff(1972)は、これらの表現は断定を避けて、「意味を曖昧(fuzzy)にする」働きを持つとして、"hedges"と名づけた。本書では、「ぼかし表現」と呼ぶことにする。

LGSWE(p. 557)では、kind of/sort of, like, approximately/about, nearly, maybe 等の表現は話し手のスタンスを表す副詞類(stance adverbials)で、imprecision を表す表現としている。また、CGEL(p. 598)では、kind of などを downtoners(下調化詞)の類に入れて、形容詞や副詞の程度を下げ、動詞では述部の断定の力を減ずる、と述べられている。kind of は、さらに compromises という下位分類に入れて、「表現使用の適切さ」について曖昧性を持たせる効果がある、としている。

(5) apparently, *kind of*, probably, arguably, *like*, roughly, by any chance, *maybe*, *sort of*, *I think*, perhaps, surely, just about, presumably.

(C&M: 223)

(5)の下線の表現は、本来的に一語副詞(one-word adverb)ではない。本節では、その中でもとくに SL での使用頻度がきわめて高い断片化表現の kind of/sort of, I think と like について考察する[6]。

kind of/sort of の挿入

ぼかし表現の kind of/sort of は、起源的には、a kind of flowers などの句表現に由来する。その一部が断片化して、SL では独立した挿入形として出現する。ふつう of が音声弱化するので、文字では kinda のように書かれることもある。

(6a)において、kind of は形容詞 spicy を修飾する副詞表現として使われている。

(6) a. This curry is kind of spicy.
  b. This curry is spicy.

(6b)は、「このカレーは辛い」という断定である。一方、(6a)では、通常の spicy ではないかもしれないが、spicy の表す意味の範囲に入れることができる味である、といった語感である。図4で見ると、話し手は食べたカレーの味覚が X の領域にあり、○で囲まれる通常の spicy の領域にはない、と感じている。そこで、spicy に kind of を付加して、点線の領域まで意味を心持ち広げる。つまり、spicy の意味を広義化して、その中に入る「味の一つ」という意味合いにする。この広義化がぼかしの効果となる。

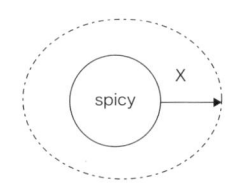

図4: kind of のイメージ

---

[6] ぼかし表現の like は it's like の断片化であると考えられるので、断片化表現として扱う。

それでは(6a)と(6b)のどっちが「辛い」のか、と問えば、母語話者でもなかなか答えにくい。もともと spicy のぼかしなので、どういう程度の辛さになるかは発話場面を離れて特定することはできないからである。通常は "This curry is a bit spicy" といった意味で解釈するようであるが、kind of に強い強勢("KINd-a spicy")があると、「通常より辛い」といった解釈が可能であるという[7]。

また、kind of/sort of は名詞句の直前に置かれて使われることがある。

(7) a. .... and it's supposed to be *kind of* a parallel world, where everybody feels very similar things to what we feel. ［1205 ①］
（歌手 Chris Martin が、新アルバムのコンセプトを聞かれて）

b. I liked his ego, I liked his moral, *sort of*, his moral, *sort of*, stance.
［1208 ③］

(7a)では、a parallel world という名詞表現、(7b)では、his moral stance に対してぼかしを入れている[8]。

さて、英語学習者にとって、kind of が特異に感じられるのは動詞句とともに現れる場合である。(8a)の下線の that は、先行文脈での「タブレット端末は PC を市場規模で凌駕するだろう」という予想を指している。

(8) a. ... and I think everyone *kind of* heard that in the beginning, *kind of* laughed that off and said, "No way." ［1305 ②］

b. ... so I would say, yes, we have *kind of* found our thing.
［1205 ①］

---

[7] SL においては音声の関わりは非常に重要である。しかし、本書では音調による意味の変化には深入りしない。

[8] イギリス英語のコーパス分析をもとに、Aijmer(1984)は kind of と sort of には意味上の違いはほとんどないが、前者はアメリカ英語、後者はイギリス英語で使われる傾向にある、という指摘をしている。ただ、インタビュー・データで見る限り、イギリス人が kind of を使わない、ということはないし、逆に、アメリカ人でも sort of を使う人もいる。単純な地域的変化ではなく、性別や年代など他の社会言語学的な要因が働いていると推察される。

もし(8a)でkind ofを取り去ると、...everyone heard that in the beginning, laughed that off and said, "No way." となるが、これは過去の事実を断定的に述べた文である。(8a)では、話し手は「聞いた」とか「笑い飛ばした」ことが断定できる出来事であったとは感じていない。そういう心理があって、kind ofを動詞の前に挿入して、heardやlaughed offで指し示される意味の中心から少し外れているけれど...、といった語感にしている。同様に、(8b)では、found our thing（「やりたいことを見つけた」）とは言い切れない、だが、それに近い、といった意味合いで、動詞の断定性を和らげている。

　kind ofは動詞の意味をぼかす働きがあるので、次例のように、基本的に意味に広がりの余地があるいわゆる "common verbs" との共起性が高い。

(9) a. I think he *kind of* believes nobody's really gonna read the book, but they are gonna see the cover.　　　　　　　　［1206②］
(Steve Jobsの伝記を書いた話し手がJobsについて聞かれるところ、heはJobsを指す)

b. ...so, it's not just as much as that we, uh, know the material matches, we just *kind of* hope that ....　　　　　　　　［1108①］
(映画監督との相性を聞かれて、「で、題材がぴったりであるとわかるというより、単に望んでいるっていうか...」)

c. ...but at some point late last year, somebody *kind of* shook me and said, "It's time to get on," and so ...　　　　　　　［1305②］

d. ...you have to *kind of* stay grounded with what you're trying to do.　　　　　　　　　　　　　　　　　　　　　　　　　　［1204①］

上記のことはAijmer (1984)でも指摘されている。例えば、kind ofはcriticizeとは共起可能だが、oxidize（酸化する）などとは一緒に使うことはできないと予測される。ぼかしの余地がないからである。

likeの挿入

　C&MはSLでのlikeの用例について言及している[9]。

---

[9]　C&M (p. 101–102)参照。

(10) A: I fancy going somewhere really hot for holiday this year.
　　 B: What, *like* the Equator or the Mediterranean or *like* . . . ?

(11) a. Then she got out of the car all of a sudden *like*, and this bike hit her right in the back.
　　 b. It was a shattering, frightening experience *like*.

(10)では、相手の発言を受けて、注意を引くための事例を挙げる中でlikeが使われている。逆に、相手に対して例を求める場合は "like what?" といった定型表現がある。一方、(11)のlikeは、ある表現の直後に置かれて、その表現の意味を変化させる効果がある。例えば、(11a)では、all of a sudden likeでまとまりを見せており、日本語で言えば、「all of a sudden みたいな」といった語感に近い。また、(11b)は、限定的な場面での一時的な形容詞形成のように、名詞句表現の後に現れて、「...的なもの」といった意味を生み出す[10]。

さらに、C&M (p. 102)は次のような用法を挙げている。

(12) a. So this bloke came up to me and I'm *like* "Go away, I don't want to dance."
　　 b. They think that, *like*, by now we should be married and if we were married then it's okay, *like*, to get on with your life and do what you want.

(12a)は、ほぼSLでのみ観察される引用形式で、新しい用法として急速に広がっているものである[11]。(12b)は、本節で述べようとするリアルタイムの発話で非常に顕著な不変化形likeの挿入である。

---

[10] 聞き取り調査では、(11b)の不定冠詞aに違和感があるようである。like a child の句表現から語形成すればchild-likeであって、a child-likeとは決してならないように、このlikeの末尾付加は文法的には形容詞化なのではないかと思われる。そのため、不定冠詞の存在はlikeの形容詞化の働きと反発しているのであろう。

[11] 引用のlikeは、実際の発話そのものの引用というより、「言いぶり」を伝える。澤田(2011)参照。

インタビューからの事例で見よう。

(13) a. ... Why does he stay in this house? *Like*, why wouldn't he, you'd leg it, you'd run. [1206 ①]
(映画の主人公の行動について聞かれて、「なぜあの家に留まるのか？なぜしなかったんでしょう、急いで立ち去るとか、逃げるとか、みたいに...」)

b. ... but, *like*, 10 minutes in, they're gonna just really not care about any of that.... [1206 ①]

c. ... and it also had, *like*, technical aspects of, of, *like*, how he was so sorry that so much of the movie was gonna be, um, CGI stuff... [1005 ①]

d. ... to the parents, you seemed, *like*, you know, dirty and unkempt, but when you look back at the photos, I mean, ha-ha, *like*, you're so well-groomed. [1208 ①]

like は前後の統語的形式にかかわらず挿入されて、後続する表現の断定性を減じ、ぼかしの効果を生む。

この状況をわかりやすい例で考えてみよう。(13d) では、seemed の後に、you know を挟んでいるが、like, dirty and unkempt と続いている。図 5 のように形容詞の意味を実円で囲むと、話し手が意図する意味は X にある。それが dirty and unkempt と位置がずれているので、like を挿入することで、それに「近づけている」のである。like の本来の語義は、"similar to" なので、その語義が痕跡として残っている、と言える。

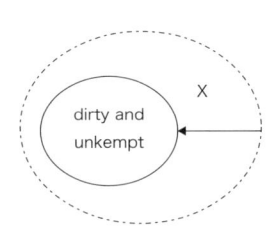

図 5: like のイメージ

次例は、若い女性ロック歌手 Avril Lavigne が日本に来たときの印象について語るところである。

(14) ... Oh, but speaking about gifts and stuff, I love when I go to Japan, because all of my fans, *like*, they're so sweet over there and polite.

They're adorable, and they, *like*, give me, *like*, all these little bags with these, *like*, little Hello Kitty gifts, and they're so cute.

[0904 ①]

内容的にはたわいもない話という形容がふさわしいが、ここでは like が不自然なくらいに挿入されている。「ファンの皆さん、みんなカワイー、って感じデー...」というような調子の発話である。ぼかし表現の like はある種のかわいさや優しさを醸し出すような語感があるのではないかと思う。そのため、一般に、女性によく使用される。この不変化形 like の挿入にはかなり個人差があり、(14)のように、立て続けに使用する人もいれば、他のぼかし表現は使っても like は一切使わない人もいる。こうした語の挿入は、衣装のアナロジーで言えば、いわばアクセサリーのような彩りを身につけるようなもので、個人的な嗜好を強く反映し、その人の表面的な「なり」を色濃く映し出す、と言えるだろう。アクセサリーでも、使い方を間違えると好感と嫌悪が錯綜するように、like の適切な使用を身につけるのは難しい。英語学習者は like の不用意な使用は避けるのが無難であろう。

一人称単数現在形 I think の働き

think は思考内容を伝える動詞である。SL では一人称単数現在形の I think は特殊な意味を帯びることがある。I think にはぼかしの効果があって、例えば、(8)の冒頭の I think は話し手の思考内容を伝えるというより、話し手の陳述の断定度を下げる働きがある[12]。この用法では、補文標識 that が現れることはほとんどない。

ぼかし表現としての I think は意味的な傾向性なので、I think が通常の文頭位置に現れた場合、思考内容を示す意味とぼかし効果を与える意味とで多義性を帯びる。次例は、福島第一原発の事件について、当時のアメリカ国務省日本部長 Kevin Maher が回想しているところである。

(15) But as I explained, I, I was trying to explain to people in Washing-

---

[12] 後述のように CGEL (p. 1113) には、I think をコメント節として、同様の指摘がある。

ton that *I don't think*(i) there's any question that the Japanese government is trying to hide information. *I just think*(ii) they don't have the information, and *I think*(iii) that turned out to be the case.

[1206 ③]

ここでは 3 つの think が使われている。think(i) と think(ii) は、話し手の思考内容を表す通常の意味である。一方、think(iii) はその意味も維持しているが、that turned out to be the case (「それが結果として事実であった」) という陳述の断定度を減ずる効果を持つ表現、つまり、ぼかし表現へと傾斜している。この用法では一人称単数現在形の I think にほぼ固定化する[13]。

次例は、Paul McCartney が家庭環境について聞かれ、両親の音楽的才能について述べているところである。ここでは判断を表す箇所のほとんどに I think がある。

(16) ... *I think*, you know, looking back, *I think* I was always musical. My dad was very musical, and *I think* my mum was musical, too. He was the player in the family, so *I think* I always had a kind of musicality, and I would hear songs and *I think* I could tell a good song from a bad song. [1208 ①]

父親は家でピアノを弾くような人だったので、My dad was very musical と断定している。しかし、母親についての陳述には I think を付加しているし、自らのことについても、謙虚さからか I think を付加してぼかしている。

このような I think は、ある種の談話上の符牒のようになり、断片化して、文尾や文中に出現する。

(17) a. Well, this morning I was listening to *The Smiths*. Yesterday I was listening to *Tinie Tempah*. Day before that, I was listening to *P.J. Harvey*, *I think*. It's important to still be a fan of things, *I think*. [1205 ①]

---

[13] I don't think(i) は否定辞上昇の例である。なお、否定辞上昇の基本文献に R. Lakoff (1969) がある。

（音楽で何を聞いたか、何に興味があるかと聞かれて答えるところ）

 b. Building a site is the first step towards that. 250 million users is a start, *I think*. You know, um, I, I mean, *I think* over time a lot more people will be using it. [1204 ①]

 c. ... we were basically doing, *I think*, millions of page views a day, um, because ... [1204 ①]

CGEL(p. 1113)では、このような遊離的主節部を「コメント節 (comment clauses)」と呼んで、ぼかし表現の働きを持つとしている[14]。

　ぼかし表現は、話し手のぼかしたい気持ちの反映なので、立て続けに並ぶときがある。例えば、次例においては、1つの伝達内容に下線部の4つのぼかし表現が現れている。

(18) *I think* that guy *kind of like*, *you know*, *sort of* looks a little bit like ... what's his name ... Elvis Presley.
（思うんだけど、あの人って、ちょいと、なんて言うか、誰だっけ、エルビス・プレスリーだっけ、ちょっと似てる、って感じよね）

これは作例であるが、適切な音調で話されれば十分ありうる発話である[15]。(18)で伝えたい命題情報的な内容は "That guy looks a little bit like Elvis Presley"（ちょっとエルビス・プレスリーに似ている）であるが、この伝達内容にさまざまな符牒的な表現が挿入されている。さらに、(18)では、you know や what's his name といった挿入も見られる。次節以降では、こういったタイプの挿入を見てみよう。

---

[14] CGEL(p. 1114)には、主節が否定の場合、否定のコメント節もあり得る (may be negative)と述べて、"They aren't at home, I don't believe." の例を挙げている。CGEL に従えば、I don't think は原理的に可能かもしれないが、適切な文脈環境がないためかインタビューの実例にはなかった。また、母語話者への聞き取りでは、"He won't win the race, I don't think." のような文には違和感があるようである。

[15] 適切な音調とは、適切な長さのポーズや音の上昇・下降などのことで、(18)には、こういった音調面の表示は除いてある。

3.3.2 談話マーカーの挿入

談話では話し手がメッセージとして伝えたいことが基本線となってことばに現れるが、そのメッセージの基本線の流れをコントロールしたり、その中に現れる表現について、話し手の気持ちを述べたりすることがある。そのような働きを持つものを「談話マーカー」と呼ぶ。ここでは、リアルタイムで進む発話に頻出する主節部断片表現の談話マーカー you know, I mean について考察する[16]。

you know の挿入

発話の途中で聞き手に同調を求めたり、聞き手との知識の共有を確認しようとする心理が働くと、you know が挿入される。as you know に由来すると考えられており、SL ではある種の談話機能を担った固定表現となっている[17]。一般に、you know の挿入は、話し手が相手に近づこうとしている語感につながり、対人効果としては、相手との親密性を高め、スタイル的にはくだけた言い方になる。

(19)は、映画『ブラッド・ダイアモンド』が公開されて、主演の Leonardo DiCaprio がその政治性から映画への反対運動が起こっていることについて聞かれているところである。

(19) I didn't anticipate it, no. But, uh, (A)*you know*, when you approach situations like this, these are things that are based on real events, (B)*you know*, and we are depicting a specific time in recent history where, (C)*you know*, these diamonds resulted in a lot of, (D)*you know*, civil unrest in these countries. So, (E)*you know*, I had never antici-

---

[16] LGSWE (p. 1077) では、you know, I mean, you see を談話の中の「挿入表現 (inserts)」とし、その働きから utterance launchers という名を与えている。発話の最初に現れることが多いからである。また、C&M (p. 221) では、you know と (you) see は会話の中で知識の共有があることをモニターするシグナルである、と述べている。(you) see はインタビュー・データには見られなかった。

[17] 内田(編)(2009)参照。

pated, no, that it would be this intense, by any means. ［0705 ①］

you know を取り去っても発話は成り立つが、ここでは話題が政治的で微妙なので、話し手は断定を避けつつ、聞き手に対して同調を求めながら話している。you know はさまざまな位置に出現する。例えば、(A), (C), (E)では節頭であり、(B)では節末である。また、(D)のように、句表現の途中のときもある。

　you know には一般に、次に来るべき表現や言い方について聞き手に同調を求める談話上の働きがあるが、同時に、you know は短いポーズを伴うので、次に言うべき表現を考えるための発話遅延ストラテジーとしての効果もある。

(20) a. ... what I remember from my years in junior high was, uh, *you know*, this hopeless romantic that was, *you know*, solely in love with this one woman and created this great amount of wealth to be able to respectively hold her hand. ［1311 ①］
(俳優 DiCaprio が高校時代に読んだ小説『華麗なるギャツビー』の感想を語るところ)

b. And so I thought of it as a nation, but then I asked, well, what are its politics, what's its, *you know*, constitution, how is it governed? *You know*, can we trust it? ［1303 ②］
(話し手が Facebook (=it) が 1 つの国家になっている、と主張しようとしているところ)

(20a)では、you know の挿入によって、直後に来る内容、例えば、"this hopeless romantic" という表現について、また、思いを寄せるデイジーのために巨額の富を得るストーリーなどについて、聞き手に知識を確認したり、あるいは自分の言い方について同調を求めている。(20b)では、最初の you know は名詞句内の所有格の代名詞と名詞の間に入っている。ここでは、constitution という選んだ語について相手の同調を求めていると言える。二番目の you know は文の前置き型である。ここでは、先行する文の内容を、「結局、信用できるのか」とまとめているので、そのまとめた言い

方について同調を求めている。

後置タイプの you know は、次のような例である。

(21) a. ... and that's the way you do in life in every other subject, but sometimes in America we get, uh, gaga, *you know*, and we look at the wrong values. [1302 ①]
（「それは人生の他のすべてのことですることなんですが、我々アメリカ人は時々、んー、浮かれる、っていいますか、間違った価値観に目が行くんです」）

b. Apples has a culture of excellence that is, I think, so unique and so special, *you know*. I'm not going to witness or permit the change of it. [1305 ②]
（アップル社の社風について述べるところ）

(21a)では、get crazy/mad のようなふつうの表現でなく、gaga(浮かれた/狂った)といった口語表現を選んで、その表現について同調を求めている。その前の uh には発話遅延効果があり、頭の中でことばを探しているときに用いられる。(21b)のような節末の you know も同じで、直前に述べた陳述あるいはその一部について同調を求めている。

さらに、空白部(ポーズ)の直後に現れる you know がある。この表現は、適切なことばが思いつかないか、あるいは、あえて言わずに推察させるようなときに出現する。一般に下降調である。空白部は〈...〉で表してある。

(22) a. ... when you walk out there, you got an audience of 10,000 people that are extremely enthusiastic, and you don't really get a chance to 〈...〉, *you know*, your mind goes blank anyway, so, you come up with something else. [1302 ①]

b. So, I had a sort of profound insight, really, in a fantastic, dinner party anecdote, at the hands of these people who 〈...〉, *you know*, it could've been a lot worse. I could've been left with scars that were physical, and, and emotionally, that would, that could've been a lot worse. ［1312 ①］

　(22a)は、俳優 Clint Eastwood が共和党大会で応援演説に立ったときの印象を語るところで、「何をするチャンス」なのか、口ごもっている。おそらく「(ゆっくり考える)チャンスがない」と言おうとしたと思われるが、you know の後に発話を改めて、「頭が真っ白になって...」と「言い直し」ている。(22b)は、俳優 Benedict Cumberbatch が、南アフリカで映画撮影中に拉致事件に巻き込まれたときに味わった死の恐怖を語るところである。誘拐犯が自分にしたことを表現するところでことばを止めて、あえて描写せずに、「もっと悪かったかもしれない」と発話を改めている。こういった you know は、言わないことについての同調を求める他に、発話を改めて別の言い方をする、つまり、言い直しのシグナル機能を担っているとも言える。

I mean の挿入

　I mean は、I think と同じく、主節部の断片化を引き起こしやすく、リアルタイムの発話にしばしば挿入される。基本的に、I mean は発話を修正する談話上のシグナル機能を持っており、そのため談話マーカーに分類される。

　I mean の原義は本心を伝えることである。そのため、談話マーカーとしては、直前に言ったことをより詳しく説明したり、敷衍したり、明確にしたりするときに現れる[18]。ある意味で、ぼかし効果とは逆の働きと言えるだろう。

(23) a. ... So they, *I mean*, the university officials, assume that people usually show their true colors, you know, on, on the website?
　　　　　　　　　　　　　　　　　　　　　　　　　　［1303 ②］
　　　(「となると、彼ら、つまり、入学審査官らが、志願者がウェブで本当の姿をふつう見せている、と思っているんでしょうか？」)

　　b. Well, so my sophomore year at Harvard, when I first built this, there was a lot of really interesting stuff going on. *I mean*, there were two primary things that were happening, kind of, at the

---
[18] 松尾他(編著) (2015)参照。

3.3 「挿入」について 125

  same time.   [1204 ①]
  (Facebook 創業者 Mark Zuckerberg が学生時代を語るところで、this は Facebook のことを指す)

c. ... I grew up in a very mundane, you know, backwater of England, um, lower-middle-class-income family, *I mean*, <u>very lower middle class</u>, you know, *I mean*, like, <u>very little, very, very little money in the household</u>, no TV, no records, no radio, no heating, no car, no washing machine, no refrigerator. [0707 ①]

 (23a)では、代名詞を口にしたが、その指示対象を明確にするつもりで、I mean が挿入されている。(23b)でも、a lot of interesting stuff という曖昧な言い方を、two primary things と言い換えている。また、(23c)は、映画『クィーン』で女王役を演じた女優 Helen Mirren が自らの生い立ちを語るところである。ここでは、I mean を挿入して、言いにくいことをためらいながら言い換えている。I mean については、話し手の好き嫌いがあるようで、多用する話者とそうでない話者がいる。

符牒的固定表現の挿入のまとめ
 本節では、語用論的なマーカーとして挿入される断片化した符牒的固定表現について考察した。こういった表現の挿入プロセスを模式図(次ページ)で考えてみよう。発話は基本的には命題的な情報を担う部分とモダリティ的な働きを担う部分からなっている。
 命題的情報を担う部分は伝えたいメッセージで、これはいわば一直線に並んでいる。そこへ別の領域にある非命題的な固定表現が、図のように挿入される。そのため、符牒的固定表現が発話中にあたかもちりばめられたかのように現れる。表現が固定化しているので、多用されてもそれ自体の情報処理上の負荷はきわめて低い。また、挿入によって、命題情報を担うメッセージを生み出す処理時間に余裕をもたらすという副次的な効果も発生する。つまり、こういう固定的表現を利用すると、リアルタイムの発話で時間稼ぎができるのである。このような表現の使用は、個人差が著しく、

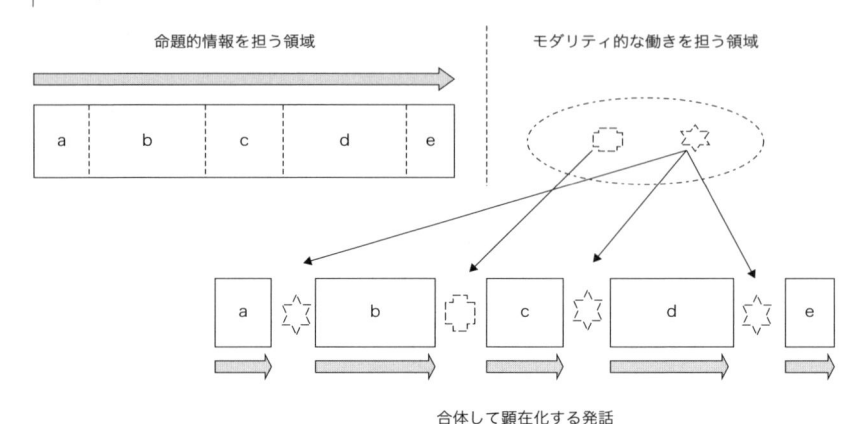

図6: 固定的表現の挿入について

ある特定の固定表現を頻繁に挿入する人もいれば、まったく使わない人もいる。衣装のメタファーで言うならば、このような挿入表現は発話を飾り立てるアクセサリーのような存在である。アクセサリーを身に付けても、その人の本質が変わるわけではない。しかし、その人の見た目や印象には大きな影響を与える。同じように、符牒的固定表現を使用することは、話し手の話しぶりや聞き手に与える印象を変える。しかし、語られる内容、命題情報的なメッセージには何の変化も与えない。着飾られた装飾品を取り除けば、その人の本当の姿がわかるように、挿入された符牒的固定表現を取り除くことで、その人の伝えたいメッセージがよりはっきりしてくるが、逆に、個人差を生み出す癖や印象は消えてしまう。

実例で見てみよう。(24)では、はじめに「わからない」と断りつつ、知識がないせいか、断定を避ける傾向が著しく、下線で示したように、さまざまな繰り返し表現とともにぼかし表現や談話マーカーが見られる。

(24) I don't know, I just, I think it's, it's actually a great time to be a woman in this industry, and, you know, I feel that I think we're doing great, I think. You know, I mean, I think there's still, you know, there's still a way to go. I'm not pretending that it's totally perfect and there's perfect equality throughout the industry, but I think we're

moving in a really great direction. I think it seems very positive.

[1403 ①]

(ハリウッド映画で女性の登場人物がセリフを言う場面が減っているという意見があるが、どう思うか、といった難しいことを聞かれた女優 Emma Watson の発言)

下線部の表現を取り去って、整理すると次のようになるだろう。

(25) It's actually a great time to be a woman in this industry. I feel that we're doing great. However, there's still a way to go. I'm not pretending that there's perfect equality throughout the industry, but we're moving in a great direction. It seems very positive.

(24)と(25)の違いは明らかである。(25)は英語としては整っているが、話し手の話しぶりの特徴といったものが感じられない。いわば教科書にある英語のようである。(24)では、前半部において挿入表現や繰り返しが多くなっており、言いよどんでいるかのような印象を与えている。これは質問が難しい内容だったので、答え方を考えながら発話しているからである。一般に、発話冒頭部では、これから言うべきことについて考えているため、そこに注意が向いて、発話のスピードが落ちる傾向がある。それを整えようとして、符牒的固定表現の挿入が増えてしまう。そして、発話を続けていくうちに段々と考えが整理されて、不確実性が下がっていけば、話すスピードは増していき、遅延効果のある符牒的固定表現が減る、という傾向がある。(25)のように符牒的固定表現が取り除かれると、発話の臨場感は消えると言える。

3.4 順序の変更を伴う表現の挿入

符牒的固定表現の挿入は、見た目の変化は著しいかもしれないが、情報の本質的な流れに影響を与えて、その構成要素の順序を変えたりしてはいない。しかし、SL には生み出されるメッセージの「順序」の変更に関わる挿入がある。本節では、節構造内での背景部の移動によって発生する挿入

現象と、メッセージの流れに別の思考が介在してくるメタ・レベルでの挿入現象について考察する。

3.4.1　背景部前置による挿入

SL では、副詞節で表される背景的要素が主節を分けて、挿入句として置かれることがある。

(26) a ...Our, the young people, myself included up until about the age of 40, do not understand what the atomic bomb has done to America, and *the Japanese still*, 〈because they become an American satellite, uh, protectorate,〉 *have never really understood* what World War II was about, and what the United States quickly moving in to fight to communism did to Japan after the war.

[1401 ②]

(映画監督 Oliver Stone が、原爆投下のことから、戦中・戦後の日米の関係を述べるところ)

b. ...and, so *Americans*, 〈when they talk about baseball, or baseball players, or foreign players coming to America〉, *talk* about it as this process of America bringing in people from all over the world and making them part of their society and culture.

[0711 ③]

c. It's been part of our sporting and cultural upbringing, and *Australians*, 〈whether they're within their own country or anywhere around the world〉, *tend* to stop and listen to the Melbourne Cup.

[0709 ②]

(26)では、〈　〉で囲まれた理由、時、譲歩といった副詞節の前置により、主節構造が 2 つに分かれている。これらは主節の内容に対する背景部を構成しており、それが主節の内容の途中に現れているのである。本章では、こういった現象を「背景部前置による挿入」と呼ぶ。

背景部前置による挿入を Levelt の発話モデルで考える。概念形成部は個

別言語に依存しないため、原理的には、主節と副詞節の「順序」という概念がないと考えられる。英語の文法構造上の配置ではふつう主節の後に副詞節が置かれる。主節は伝えたいことの中心であり、もっとも伝えたいことが口から出るという SL の傾向にも沿っている。しかし、一方で、副詞節は主節の陳述の背景設定を行っていて、主節の述部が伝えられるべき新情報として導入される前に、背景設定の副詞節が現れようとする傾向もある。この 2 つの矛盾する方向に折り合いを付けようとして、主節部主語の直後に、背景部前置による挿入が起こると考えられる。

実のところ、(26)のように、副詞節が単純に切り込んで現れる挿入はリアルタイムでは珍しい。こうした用例は、どちらかと言えば、注意持続力がある者の発話である。記憶や注意力の持続といったパフォーマンスには個人差があり、(26)のような発話は話し手にとっても、聞き手にとっても情報処理的に負荷が高いと考えられる。むしろ、リアルタイムの発話で頻繁に見られる現象は、次のように、挿入後に主節部の一部を繰り返すパターンである。

(27) But those technologies are imperfect and, and inaccurate, and so we know that *people are*, 〈even if they can't access a certain Wikipedia article,〉 *they're* e-mailing it around or they're getting it around in some other way. ［1204 ②］
(Wikipedia 創始者の一人 Jimmy Wales が、国家が情報の流れを制限している、といったことについて語るところ)

下線部の主節の一部を言語化してから、〈 〉で囲んだ譲歩の副詞節が挿入されて、挿入終了後は下線部と統語上で同じ表現が機能語となって繰り返されている。以下も同様である。

(28) a. ... and that really helps. I mean, *I*, 〈when I go into schools,〉 *I* hold up a bucket and I say, ... ［0911 ①］
  b. *You have to*, 〈if you're gonna have a rich intellectual life,〉 I think *you have to* sometimes turn off the gadgets and read a book or, or pay attention to something, ... ［1108 ②］

130　第 3 章　時間に急かされる宿命

  c. ... it's just that *I had*, ⟨because of the way that my life and my family situation and where I was living all conspired together,⟩ *I had* the actual opportunities in front of me.　　[1209 ①]

また、挿入が that で導かれる名詞節内で起こると、挿入後に補文標識 that が繰り返される。

 (29) a. ... people in this country have become a little bit worried *that*, ⟨if they don't think just right and cope just right, or think positively,⟩ *that* the mind-body connection will not work for them and help them cure their cancer.　　[0208 ⑤]
   （ガンの研究者が、アメリカ人のストレスとガンの関係を述べているところ）
  b. ... how we can harmonize our standards to make sure *that*, ⟨when people come into either Canada or the United States,⟩ *that* we do the kind of vetting and scrutiny that assures the security of both of our countries.　　[0210 ③]

二番目の that は文法的には不要であるが、worried や make sure とのつながりを示すために機能語が繰り返されている、と考えられる。
 こういったパターンは、LGSWE が周辺副詞類 (circumstance adverbials) と呼ぶ表現類について見られる。つまり、主節の一部を発話したところで、周辺副詞類が挿入されて、その後に主節の一部を繰り返す現象と一般化できる。(30) では、⟨　⟩は挿入された周辺副詞類である。

 (30) a. So *I*, ⟨for the United States,⟩ *I*'m not looking at deflation right now. I'm looking at just low inflation and high unemployment.　　[1207 ②]
  b. Well, *I was*, ⟨in 1960,⟩ *I was* 12 years old, so I was brought up on the Beatles and on John Coltrane.　　[1302 ②]
  c. ... but at the same time *I still feel*, ⟨probably for an unwillingness to let go of the experience,⟩ *I still feel* connected to it, and I don't

3.4　順序の変更を伴う表現の挿入 | 131

　　　　　really know.　　　　　　　　　　　　　　　　　［1309 ①］
　　d. . . . and *when we looked at*, ⟨um, up until about March 17,⟩ *when we looked at* how the response in Fukushima Daiichi was taking place, it was pretty clear to me that . . .　　　　　［1206 ③］
　　e. Albert had already drawn out *all these*, ⟨almost like a, a graphic novel and, and⟩ *all these* pictures and things in the world that they wanted to create and assemble, . . .　　　　　［1007 ①］

主語や目的語等の基幹的構成要素ではなく、時間や場所、様態や手段、理由や原因などの周辺副詞類が、その周辺的な位置から移動して主節基幹部内に挿入されている。この現象は SL の構造の不透明化の一因になる。

　こういった背景部前置による挿入があると、分断された主部が名詞句の場合は、機能語が繰り返されるので、いわゆる「左方転置(left-dislocation)」と同じ形態になる。

(31)　a. . . . and as a result of that, *facts on their own*, ⟨because they're so widespread and because they're free,⟩ *they* don't have any economic value.　　　　　　　　　　　　　　　　　［0702 ③］
　　b. *Most countries*, ⟨even when they're deeply depressed,⟩ *they* go down to very low inflation, but not into actual deflation, . . .
　　　　　　　　　　　　　　　　　　　　　　　　　　　　　［1207 ②］

左方転置については第 4 章で述べるが、非常に多様な現象である。(31) は広義の左方転置であるが、背景部前置による挿入後の主部の機能語化の例とみなすことができる。

　背景部前置によって分断された主節部は、基本的に、同じような表現を繰り返すことで、挿入後の構造をつなげていく。しかし、つなげるときに統語的な調整が起こることがある。その場合、前置された背景部を取り除くと、主節部と挿入後に現れる構造が整合しない。次例を見てみよう。

(32)　a. . . . , *I expected that Catholic women*, ⟨because the official church policy is, of course, against abortion, against all new reproductive

technologies,⟩ *I expected Catholic women* not to use this technology, but I was wrong.　　　　　　　　　　　　　[0209 ②]
（カトリック教会の立場と中絶問題などについて語るところ）

b. ... Um, and so, well, *one of the rewards of working on dictionaries, for me, has been*, ⟨since I was dissatisfied with dictionaries,⟩ *I felt happy* to be able to make them just a little bit better.
　　　　　　　　　　　　　　　　　　　　　　　　[1402 ③]
（米国人の大学教授・翻訳家が辞書編纂について語るところ）

(32a) では、本来は、I expected that Catholic women would not use this technology .... と続くべきであろう。だが、because 節の挿入後は統語上の調整があって、that 節でなく、不定詞が続いている。また、(32b) の下線部には、例えば、one of the rewards of working on dictionaries has been the thought that I was able to make dictionaries better のように、be 動詞＋補語の形式がくるべきであるかもしれない。だが、ここでは、since 節で表される背景部の前置によって、since 節と呼応して主語を I に変えた主節で構造が続いている。つまり、前置された時点から、統語調整によって、新たな文になっている。Levelt のモデルで言えば、概念形成部でアイデアとしてすでに出来上がっていても、個別言語の構造として顕在化させるときは、その文脈環境での局所的な構造上の調整を受けると言える。

　同じような理由で、背景部の前置が生じた場合、文法上の数が一致しなくなることがある。(33) は、女優 Sandra Bullock が映画『ゼロ・グラビティ』の試写会のことを聞かれたところである。

(33) Uh, the first time I saw it all out together was in Venice. I always say, you know, *an actor*, ⟨when *they* see themselves for the first time,⟩ *you* spend all your time just watching yourself and hating yourself and picking your performance apart, and saying, "I look horrible. I should quit," you know.　　　　　　[1405 ①]

an actor を受ける代名詞は、文法的整合性と男女平等観の考えに従えば、he

or she であろう。しかし、それは発話としては不自然な表現なので、SL では複数形で受けることが多く、they となっている。さらに、挿入部の後の主語が you に変わっている。推敲できる時間があれば、こういった人称や数の不一致については修正されるが、リアルタイムで進む発話では、一度言ったことは取り消せないので、その場その場で調整をしながら進んでいくのが実態である。

背景部前置による挿入を模式的にまとめてみよう。図7の(i)では、(A)–(B)は文の構造を保って、その背景部が(M)である。概念形成部では、(M)の場所は後ろでも前でもよい。ただ、英語では、ふつう副詞的背景部は後ろに来る。

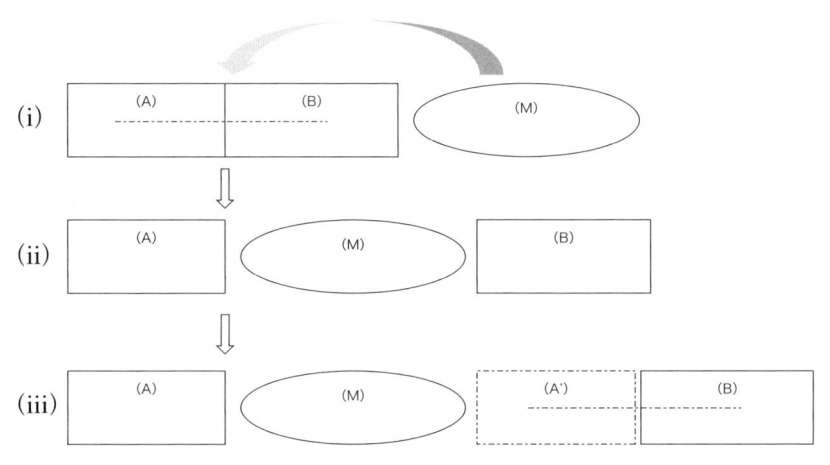

図7: 前景部前置による挿入のイメージ

(M)が文の構造を保っている(A)–(B)を分断するように、発話の途中に入ってきて、(ii)のような流れになることがある。(A)と(B)は、分断されているが、メッセージとしては統合性を持っているので、かりに(M)が途中に現れても、(M)の終了後に(B)が続いていく。この(M)の移動の理由は、(B)を伝えるべき新情報として導入する前に、(M)を前提として提示する意図があると思われる。ただし、(M)の発話の間、注意力の持続が必要なので、話し手にとっても聞き手にとっても負担が大きい。そうした理

由から、(M)の終了後に、(A)の一部が再度繰り返されて、(B)へと続いていく例が現れる。(A)の一部が繰り返されるのは、構造的なつながりを保持するためなので、機能語が繰り返されることが多い。しかし、こうした繰り返しは、局所的な文の構造を保つための統語調整の結果なので、文全体として見れば、文法構造の持続が崩れていることがある。

3.4.2 メタ・レベル表現の挿入

リアルタイムでの発話では、相手に伝えるべき内容に関する発話に対して、何らかのコメント的な思考が介在してくることがある。

(34) A: How long did you model?
B: From 16 to about . . . I did *The Mask* while I was modeling, I did a few jobs after I did *The Mask*. So, till I was about 22.

[0604 ①]

(A の質問に対して、女優 Cameron Diaz が考えながら答えるところ)

How long と聞かれたので、文法的な応答としては "(I modeled) From 16 to X." となるだろう。しかし、そのように答えようとしたものの、X の部分がはっきり出てこない。そこで、あたかも記憶を辿るように、X に入るべき時間表現を探す思考が言語化されて、最後に X の部分が現れている。Diaz の初出演映画『マスク』の撮影がモデル期間算出の根拠となっていて、模式的に表すと、次のようになる。

(35) I CAN SAY (P)(I modeled) from 16 (x)till I was about 22 BECAUSE (Q)I did *the Mask* while I was modeling, and I did a few jobs after that.

P–X 部は質問の答えに当たる一次的なメッセージで、Q 部はそれを補足する介在的な思考である。実際の発話では、メッセージ内の X がすぐに口に出なかったので、途中に期間算出の論理思考(「Q なので、X」)が二次的に介在してきている。

3.4 順序の変更を伴う表現の挿入　| 135

(36) (P) (I modeled) from 16 to about .... (Q)I did *the Mask* while I was modeling, I did a few jobs after I did *The Mask*. So, (X)till I was about 22.

(35)の「X because Q」は、(36)では順序を変えて、「Q, so X」となっているが、図で表すと次のようになるだろう。

```
      (P)         X              (Q)

        I CAN SAY (X) BECAUSE (Q)

      (P)              (Q)          so    X

              (P), (Q), so (X)
```

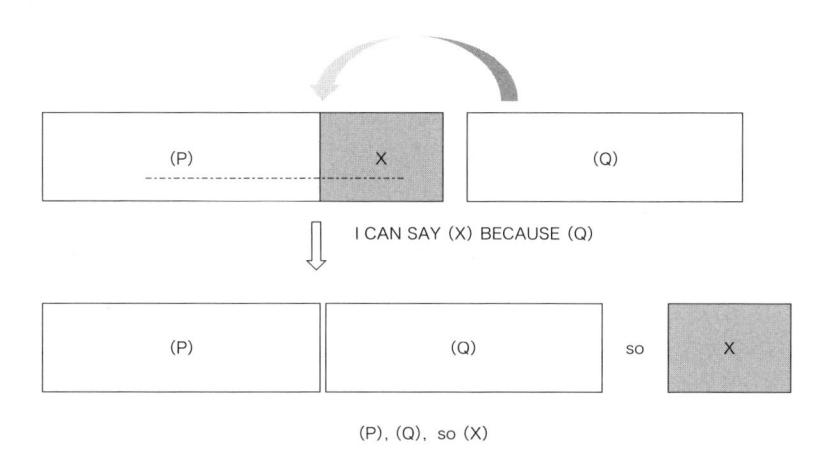

図8: メタ・レベル表現の挿入のイメージ

Xを算定するために介在したQは、一次的なメッセージとは別の次元にあり、Xの表現を生み出す二次的なレベル(メタ・レベル)の思考である。つまり、(34)では、伝えるべき基本線のメッセージ部に、メタ・レベルの発話が挿入されているのである。ふつうQ部は自由な表現形式であるが、Q部がある程度固定化することもある。そうなれば、3.3節の符牒的固定表現の挿入に類似してくることになる。

　話し手から見れば、伝えようとする基本線のメッセージに対して、ある種のコメント的思考を挿入しているのだが、聞き手側から見れば、そうした唐突な挿入は理解を妨げる。そのため、ふつうは前後に何らかのシグナルがある。(34)では、副詞 so がそのシグナルであった。次例では、挿入後に挿入前の発話が繰り返されている。

136 | 第 3 章　時間に急かされる宿命

(37) a. So what did I learn from him? *I learned*, ⟨we could be here all night and probably all week, and may be a month,⟩ *I learned* that focus is key. ［1305 ②］
　　　（Steve Jobs から何を学んだか、と聞かれて答えるところ）

b. . . . and as far as mastectomy, in the study I was in, *not all the women*, ⟨I think there were 270 women in the study,⟩ *not all of them* opted for, you know, prophylactic mastectomy. ［0509 ③］
　　　（乳房摘出手術を選ぶ女性について語るところ）

(37a)では、I learned と口にして、内容を伝えようとする直前に、「(これを話すと)長くなるかもしれない」といったコメントが挿入されている。(37b)では、「必ずしもすべての女性が...」と言い始めて、研究対象の女性の総数についてのコメントを直後に挿入し、そのあと主節部で機能語の繰り返しを行っている。

コメント的な表現は突如挿入されるというより、音調上、急に下降して始まったり、ポーズが置かれたり、あるいは、有音のシグナル表現が付随したりする。次例では、挿入直前に語用論上のマーカーである you know や um などの埋め子が挿入され、さらに挿入の最後に but が現れている。

(38) a. This is a dish that *reminds us*, ⟨you know, we're from different parts of the country, but⟩ *of* a snowstorm day where we're sitting in our house with our families. ［0602 ③］
　　　（小説『赤毛のアン』の舞台のプリンス・エドワード島の観光大使 Miranda Tremere が、chicken pot pie という料理について語っているところ）

b. I've never found anybody that didn't wanna help me if I asked 'em for help. I always called 'em up. *I called up*, ⟨um, this'll date me, but⟩ *I called up* Bill Hewlett when I was 12 years old, and he lived in Palo Alto. ［1404 ②］
　　　（Steve Jobs が子供のときに Bill Hewlett(HP社の創業者の一人)に大胆にも電話で助けを求めたことがある、と語るところ）

c. *James is*, ⟨I hesitate to say this, because I've worked with so

3.4 順序の変更を伴う表現の挿入 | 137

many directors, but I think⟩ *James is* the director that I learnt more about the technical side of . . . [1206 ①]
(俳優 Daniel Radcliffe が、自分が主演した映画『ウーマン・イン・ブラック』の監督 James Watkins について語るところ)

(38a) では、ある料理が出されると二人とも同じように思い出すのは、「家族と共に過ごす冬の日々」である、という内容を伝えるのだが、後半を音声化する直前に、「二人は同じカナダでも別の地域出身だ」ということを挿入して、同じ記憶を持っていることと出身地の違いを対比している。挿入前に you know があり、挿入句の終わりに but がある。but は挿入表現の切れ目のシグナルとしてよく出現する。(38b) では、I called up Bill Hewlett when I was 12 years old というメッセージを音声化する前に、そのメッセージを this で指して、「年がばれるんだけど」というコメントを挿入している。(38) で示されるように、挿入がある場合、終了のシグナルとして but が現れ、その後に主節の一部が繰り返されることが多い。

(38b) と (38c) の挿入表現内の指示代名詞 this は、まだ発話していないことを指している。頭の中にある内容が音声として出てきていないが、その内容を this としてコメントの中で指しているのである。Levelt の簡易モデルで言えば、伝えるべきメッセージの一部が ⟨β⟩ の段階に留め置かれ、コメントが ⟨γ⟩ の段階へ先送られて、先に音声となっている、と言える。逆に、すでに言ったことは that で指す[19]。

(39) a. *The great thing about Amy*, ⟨I just want to relate to that a second,⟩ uh, *is that* she's really athletic and she can run. [1302 ①]
(俳優 Clint Eastwood が映画『人生の特等席』で共演した女優 Amy Adams について語るところ)

b. And I have to start by thanking Secretary Clinton, not just for that very kind introduction, but she has been *an outstanding*,

---

[19] 指示代名詞の this と that には照応について非対称性がある。this は前方照応 (anaphoric) も後方照応 (cataphoric) も可能であるが、that は、原則として、後方照応はできない。また、いわゆる文先行詞 (sentential antecedent) を許すのは that のみである (CGEL: 375)。

⟨should I say that again?,⟩ *an outstanding secretary of state*.

[1303 ①]

(ミッシェル・オバマ大統領夫人がヒラリー・クリントン国務長官を紹介するところ)

(39a)の that は、the great thing about Amy であり、(39b)の that は "outstanding" という表現を指す。

伝達される「内容」というよりも、「表現」そのものについてコメントが挿入される場合もある。

(40) a. ...but the, *the U.S. Mark I plants were*, ⟨I won't say "told by the NRC," but⟩ *they were advised by the NRC* they should consider, uh, what, uh, the addition of what they called a hardened vent system.

[1201 ③]

(米国人原発設計者が福島第一原発と同じ原発反応炉の U.S. Mark I が NRC(原子力規制委員会)から問題があると指摘されていたと述べるところ)

b. ...and *they were*, ⟨"investing" is, er, is the term that's used,⟩ *investing* the islands to the north of Australia with their people.

[1209 ③]

(40a)では、the U.S. Mark I plants were の後に続くメッセージとして、⟨told by the NRC⟩が概念化されていたが、音声化直前でモニターが働いた例である。また、(40b)では、they were の後に、investing と続けようとしたが、その表現について、「『投資している』という語が使われるんだけど」とコメントが入っている。

このように、SL においては、これから言おうとしていることを音声化する直前に、その発話を棚上げして、コメントを挿入する、といったことが起こる。これは、当然ながら推敲の時間がある WL には見られないことである。

このコメント挿入で比較的定型化の方向にあるのは、I don't know に関わる例である。

3.4 順序の変更を伴う表現の挿入 | 139

(41) ... so I, I'd been writing a column in their magazine *for*, ⟨I don't even know how many years,⟩ *a long time*. [1401 ②]

(41)は、整理すれば、... for a long time, but I don't even know how many years (it is) といった流れであろうが、a long time を音声化する直前に、それについてのコメントが現れている。

(41)では間接疑問文の wh-句が残っていたが、I don't know だけが表現として固定化して、挿入句となる例も多い。

(42) a. ... I realized that he was born and raised in Indiana, raised in Mooresville, Indiana, which is *about*, ⟨I don't know,⟩ *60, 70, 80 miles* from where I was born and ... [1001 ①]
(俳優 Johnny Depp が主演した映画の主人公である銀行強盗 John Dillinger の出自について語るところ)
b. ... and people thought that it (=classical music) was only *for*, ⟨I don't know,⟩ *very, very rich people*, or ... [0708 ①]
c. It required intelligence in an actor, which doesn't always happen for some reason, ⟨I don't know⟩. [1211 ①]

(42)は、(41)の異形としてみなせる。例えば、それぞれ、I don't know *how far*, I don't know *for who*, I don't know *why* といった形式にもできるからである。この I don't know は、日本語の「わかんないけど...」といった表現に相当する。断定を避けるための挿入で、ときには責任回避ともとれる場合があり、SLでは固定化した表現である。その意味で、3.3 節で見た符牒的固定表現に近くなってきている。

(42)の例は、⟨I don't know [間接疑問文]⟩の形式において間接疑問文の部分が消えているが、逆に、I don't know の部分が消えて、直接疑問文が現れる場合もある。

(43) a. But when you go to these other games, like France versus Germany in the *quarter-final*, ⟨or was it the semi-final? I think it was the semi-final,⟩ that was one of the best, man, the, one of

the best nights I've ever had at a football. ［0912 ①］
　　　（あるミュージシャンがアルバム制作期間中に、サッカーの欧州選手権に夢中になっていたことを語っているところ）

　b. This is Paul Thomas Anderson's film that's set in the pornography trade *in, um,* 〈it's the 80s, isn't it? It is the 70s or the 80s? I can't remember〉. ［0602 ③］

自分が口にした表現自体に、あるいは、これから音声化される寸前の表現に対して、自らが疑問を呈している。こうした用例は、話し手が自らの発話をモニターしていることを示していると言える。

　以上、コメント的な挿入が基本線のメッセージに介在してくる事例を見てきた。リアルタイムで進む発話では、直接的な反応がまず口から出てくるが、言ったことは取り消せないので、その場で発話を調整する必要があるため、挿入表現が生まれてくる。そのような挿入は自然で、ほとんど挿入が起こっていることに気づかない場合もある。次例で見てみよう。

(44) Well, *we moved from Montana*. 〈I grew up in Montana, and I most closely associate to being from Montana. But〉 *we moved from there* when I was eight. We moved to San Diego. And there was a, kind of, wave of kids who were being to driven to Los Angeles by their parents for auditions, and I got swept up in it. ［1209 ①］
　　（女優 Michelle Williams が、映画界へどうやってデビューしたのか、という質問に、答えるところ）

ここでは、華麗なハリウッドのスター女優が、「いやー、モンタナの田舎から出てきたんですよ」とまず答えている。話し手はモンタナ出身であることに特別な思い入れを持っていて、質問に対して、「モンタナから出てきた」ことがまず頭に浮かんで、それを真っ先に口に出したのであろう。本来は、質問に対する基本線のメッセージとして「8歳の時にモンタナからカリフォルニアに引っ越してきて...」、と続くところだが、「モンタナで育って、そこに思い入れがある」ことを、〈　〉部に挿入している。but が現れていることから、〈　〉の部分が本節で述べたタイプの挿入であること

がわかる。

3.5 「繰り返し」について

SLでは同じ表現を繰り返すことがある。そのとき、繰り返される部分が機能語からなる場合とそうでない場合がある。

3.5.1 機能語の繰り返し

リアルタイムの発話では、まず何か口に出さねばならない。そのため、発話の冒頭部分で機能語類が繰り返されることがある。

(45) a. ..., so *I, I* wanted to learn as much as I could about this guy. [1001①]

b. ... and *it's, it's* fascinating to me because you see this technology in Japan and then ... [0912②]

c. ... *He's, he's* a perfectionist, he's a great researcher and, uh, gets into the detail of everything, ... [0706①]

d. *Why do you, why do you* feel that way? [1209①]

e. ... Because *if you're, if you're* a poor person in a poor country and lose our sight, ... [0911②]

LGSWEは、とくに(45a)〜(45c)のような例について、パフォーマンス上のエラーとしている[20]。しかし、冒頭部で機能語からなる部分が繰り返される現象は、SLでは広く見られる特徴であり、単なるエラーとして切り捨てることはできないと思う。例えば、I can't understand と言うところで、"I, I just, I can't, I can't understand." のように、冒頭で立て続けに機能語の繰り返しがあれば、それはエラーというより、ある種の話し手の気持ち、例えば、ためらいや、「そんなこと言われても...」といった対人面での何らかの主観的態度を生み出す効果を持っていると思う。たしかに、これら

---

[20] LGSWE(p. 1055)参照。

は個人差が比較的強く出る現象であるので、個々人のパフォーマンスに理由を求めることはできるかもしれない。しかし、一方で、発話場面での心理状況や人間関係などが反映している面を持っていることを指摘しておきたい[21]。

冒頭の他に、発話の途中でも機能語が繰り返されることがある。比較的多いのは、冠詞類の繰り返しである。これらは音声上の理由によるものである。冠詞類は統語的には後続名詞句の一部であるが、音声的には弱化して直前の動詞に対して接語化(cliticization)する。したがって、動詞直後の位置でポーズが起こると、しばしば冠詞は二重に出現する。

(46) a. ...and so it may well be just a quality issue in terms of producing *the, the* launcher. [0909 ②]
 b. ...Britain has, uh, you look *at the, at the* British debt-to-GDP ratio over the past two centuries. [1207 ②]
(47) a. They actually *have a, a* rollover crisis where no one will buy the bonds and it's not clear what happens. [1207 ②]
 b. Steve Zailian *did a, an* incredibly clear and pacey and, um, exciting adaptation of the book,... [1208 ③]

この現象は音声的な理由によるので、同じ条件において他の機能語類が繰り返される例がしばしば観察される。例えば、(48)に見られるように、andや前置詞など弱化しやすい語は周辺の語に対して接語化し、そのためポーズがあると繰り返されやすい。

---

[21] (i)は、ニューヨークへ向かう旅客機が飛行中にタイムスリップしてしまったことを、機長から聞かされた客室乗務員が、頭が混乱したままで、客室業務を行うが、トレイを床に落としてしまい、「どうしたのか」と乗客から聞かれて、平静を装おうとする場面での発話である。ここでは機能語に繰り返しが多くなっている。

(i) "...Oh, I'm, I'm meeting someone in New York, my, my boyfriend, I, I don't wanna be late, so I'm kind of, you know, nervous..." (TZ36)

セリフは準備された発話である。つまり、この繰り返しには台本上の意図がある。心理的な動揺を示す効果があると考えられる。

(48) a. ...those technologies are imperfect *and, and* inaccurate,... [1204 ②]

   b. That's already the story *in, in* Europe. [1207 ②]

   c. ...so I did a lot of research *into, into* all of that. [1403 ①]

(48a)では、and は両方の形容詞にそれぞれ音声的に依存しており、imperfect-and で小さなポーズが置かれ、and-inaccurate となる。

　こういった機能語の繰り返しは、音声面から見ると、基本的にポーズ (unfilled pause) の後で起こる。そのため、ポーズと同じ効果を持つ埋め子あるいは符牒的固定表現が挿入された後、機能語が繰り返される例もある。

(49) a. ...and it was just a new sound, but *it*, er, *it* blew the tops of our heads off. [1208 ①]

   b. Yeah, *it's*, um, *it's* actually on a, it's inscribed on some of the BBC buildings. [1208 ②]

(50) a. *I*, sort of, *I* just didn't want it to cloud my thoughts in any way. [1208 ③]

   b. ...and *it's*, I mean, *it's* not rocket science, but for children, it's very, very visual. [0911 ②]

   c. That's, that's a part of *my*, you know, *my* personality. [1007 ③]

こういった例は、些末な繰り返しのように思えるかもしれないが、リアルタイムの発話においては、文法構造が単位となって音声化されるのではなく、音韻上の単位で音声化されることを示している。

3.5.2　列挙における基本構造の繰り返し

　リアルタイムでの発話では、何かを列挙するときに文法構造上の機能的部分が繰り返されることがある。次例を見てみよう。

(51) a. ...because you will be destroyed by *your* doubts and *your* questions and *your* hesitation and *your* fears. [1103 ②]

   b. Our aim and mission in life is to educate people *about* consumer technology, *about* IT, *about* mobile phones, *about* the Internet, um, and .... [0912②]

リアルタイムで進む発話では、考えをまとめてから列挙するのではなく、思いつくままに挙げていく。例えば、(51a)の場合、推敲して整理すれば、... by your thoughts or emotions, such as doubts, questions, hesitation or fears のように表現することもできるだろう。しかし、リアルタイムで進む発話では、思いつくまま一つひとつ挙げていく、といったふうになる。ただ、そのように挙げていく場合でも、名詞が単に列挙されるのではなく、機能語が加わった一つ上の構造単位で繰り返しが起きる。このこともまた、言語化・音声化の単位という問題と関係していると思われる。

(51)の例には、句表現とともに機能語の繰り返しが見られた。しかし、列挙では、文構造が繰り返されることも多い。この場合は機能語に限定されない。この文構造の繰り返しによる列挙は SL の特徴の1つである。

(52) a. ... So, you know, *they talk about their experiences* at school. *They talk about their experiences* at home. *They talk about their experiences* in their community. So they make that idea relevant to them. [0911②]
(社会活動家が企画した高校生の合宿プログラムの経験について述べているところ)

b. I had a lot of work to do to try and get into character Nikki, and a lot of that came through ... , you know, *I watched a lot of* the Kardashians, *I watched a lot of* Paris Hilton, *I watched a lot of* the Hills. [1403①]
(女優 Emma Watson が映画『ブリングリング』の主人公の Nikki の役作りで、セレブ達を扱った TV 番組を見た、と語るところ)

c. I don't have culture shock or anything like that. What I sometimes do feel is that I'm out of tune with popular culture. I mean, *I don't enjoy typical Japanese* pop music. *I don't enjoy typical Japanese* TV. *I don't enjoy the typical Japanese* movies that are

very successful here .... [1007 ②]
(音楽評論家 Peter Barakan が日本のポップカルチャーについて語るところ)

(52a) では、[they talk about their experiences 〈場所表現〉] の文構造が繰り返され、その中で場所表現が列挙されている。(52b) では、[I watched a lot of 〈テレビ番組〉]、(52c) では、[I don't enjoy typical Japanese 〈文化の分野〉] が繰り返されている。繰り返される部分は統語的なまとまりを持っていない。一般に、あるカテゴリー内の事物がスロットになり、文末で列挙が起こる傾向がある。

このように思いつくままに列挙していった場合、どこで止めてよいかわからないといった心理が生まれる。そのために、終わりに列挙の停止シグナルが現れることが多い。例を見てみよう。

(53) a. ...*we want* an immediate withdrawal of all troops from Iraq, and a quick withdrawal in Afghanistan, and *we want* complete health care and mental benefits for all of our veterans, and *we want* reparations for the people of Iraq, for the damage that has been done to the country, and, uh, *we've been asking for all those things* since the beginning. [0909 ③]
(イラク戦争帰還兵の会の代表が、自分たちの会の活動について語るところ)

b. ...and just say, "*You don't have to* say anything, *you don't have to* do anything, *you don't have to* fix anything, *you don't even have to* feel bad. All you have to do is listen and say, 'tell me more,' and I'm gonna tell you about everything that happened today." And that will actually help lower her stress level. [0705 ②]
(心理カウンセラー John Gray が、女性が男性に求めていることについて語るところ)

(53a) では、we want X の繰り返しで、最後に波線部 all those things とい

う終わりのシグナルがあり、(53b)では、You don't have to X を繰り返して、all you have to do ... が終わりのシグナルである。こういった発話パターンでは、基本的に、列挙する事例は one of them にすぎないので、最後に「すべてが...」という意味のシグナルが現れやすい。

3.5.3 繰り返しと強調——機能の二重性

情報処理的には、文構造の一部を繰り返す現象は、発話を遅延させるストラテジーの1つと考えられ、リアルタイムに進む SL の顕著な特徴の1つである。しかし、繰り返しがあれば発話遅延なのかと言われれば、そうではない。英語母語話者の口癖のような言い回しに、次のようなパターンがある。

(54) ... but I reduced it to the lowest common denominator and said this, *it's not about* Starbucks coffee company. *It's not about* the stock price. *It's not even about* the people you work with. Let's reduce it down to the lowest common denominator, *it's about* you and your family. ［1304 ②］
(スターバックス会長の Howard Schultz が、店舗経営で大切なことを述べるところ)

ふつうは、下線の it's not about X が繰り返され、最後に it's (all) about Y というパターンになる。多くの場合は all が現れて、列挙の終わりに現れるシグナルのように見える。しかしながら、実際は、終わりのシグナルというより、この繰り返し全体が、最後の Y を強調するパターンを成している。

次例も同様である。

(55) *The American leaders knew* that the Japanese were militarily defeated. *They knew* the Japanese were trying to surrender. *They knew* the thing that Japan feared the most was the Soviet entry into the war, and *they knew* the atomic bomb was not necessarily to end the war. Yet they wanted to use those bombs. ［1401 ②］

(現代史家の Peter Kuznick が米国による原爆投下がなぜ行われたかについて語っているところ)

ここでは、The American leaders knew を繰り返している。しかし、話し手は現代史の専門家で、語る内容には通暁しており、発話を遅延させようと列挙を行っているとは考えられない。繰り返しは、繰り返される部分と繰り返されない部分の対比を生み出し、その結果、新たに加わる部分を鮮明にする(印象づける)という、強調の効果も持つと考えられる[22]。上記の発話では、そうした効果を意図して繰り返しが使われていると考えられる。

SL のさまざまな言語現象は、1つの理由で発生するのではなく、複数の視点から眺められるべきものが多い。同一表現・同一構造の繰り返しには、その意味で多機能性がある。

3.6 「言い換え」と「言い直し」

WL での言い換えはレトリック効果を持っており、言い換えはある種の際立ち(salience)を生む。しかし、SL での言い換えは、一度口に出した内容を取り消せないという条件に由来して発生することが多い。他方、言い直しは、推敲の時間のある WL では原理的に起こりえない。言い換えと違って、言い直しは何らかの構造の不完全性を伴っており、その意味で SL 特有のものである。

3.6.1 言い換え

言い換えは、いったん口から出た表現を別の形で繰り返すような現象で、C&M では recasting あるいは reformulations と呼ばれ、LGSWE でも、reformulations と呼ばれている[23]。

---

[22] キング牧師の有名な "I have a dream" 演説のように、準備されたスピーチで繰り返しがある場合は意図的なレトリック効果を狙っていると言える。
[23] C&M (p. 173, p. 220); LGSWE (p. 1062)参照。LGSWE では、reformulations は repairs と類似の現象とされ、流暢阻害現象と同一視されている。

(56) a. ... and they could put a satellite, *a small satellite* in orbit, ...
　　　　　　　　　　　　　　　　　　　　　　　　　　　　　　　　［0909 ②］

　　b. If you're in a hotel, *a big hotel* in China, or you live in a compound of international housing, ...　　　　　　　　　［1208 ②］

　　c. ... but I'm continuing my journey in one of the world's richest countries, *in one of the world's most advanced countries*.
　　　　　　　　　　　　　　　　　　　　　　　　　　　　　　　　［1212 ③］

　(56a)と(56b)は比較的単純な言い換えで、形容詞を付加した「付け加え」型である。他方、(56c)は初めの構造を保存したまま、richest を most advanced で言い換えた「置き換え」型である。

　言い換えをする場合、ある種の談話のシグナルが現れるときがある。

(57) a. ... and that Western people, *or any kind of people, any people abroad* can be just as moved by the Japanese *doyo* songs as the Japanese themselves.　　　　　　　　　　　　　　　［1011 ③］
　　　（イギリス人英語講師が日本の童謡のことを語るところ）

　　b. ... we don't really have anything like a talk show, *or a, you know, a show that's based around the personality of the presenter.*
　　　　　　　　　　　　　　　　　　　　　　　　　　　　　　　　［1208 ②］

　　c. That was really big change because it ended a whole era, *if you like, the post-Konosuke era.*　　　　　　　　　　　［1306 ③］
　　　（『パナソニックの選択』の著者 Francis McInerney が創業者の死後の会社について語るところ）

　(57a), (57b)では、or が言い換えのシグナルである。(57c)の if you like にも同様の機能がある[24]。if you like は、if you like to say this のような構造

---

[24] C&M (p. 220)は、reformulations を表す談話シグナルとして、if you like, I mean, well などを挙げている。if you like は、完全な言い換えというより、ことばを選ぶような場合に多い。
　　(i) a. A depth charge is, um, an underwater bomb, if you like. [1209 ③]
　　　 b. ... they're like the chairman of a committee, if you like. [0711 ②]
if you like の使用には個人的な嗜好があるようで、好んで使う話者がいる。

が断片化した表現で、「こういう言い方がよければ」といった意味である。

　リアルタイムの発話では、最初に口に出やすいのは簡単な構造で、その後に新たに修飾部が付加されたり、あるいは、すでに付加されていた修飾部が別のより適切な修飾部で言い換えられたりする。そうした場合に、修飾部は、基本的に、それだけで出現できない依存形式なので、最初の構造の一部が繰り返されることになる。

(58) a. . . . there are no words, *written words*, . . .　　　　[1008 ②]

　　 b. . . . I think we're looking at complex of monuments here, *of rock-hewn monuments*.　　　　[0707 ②]

　　 c. . . . We're doing the hard work, *day-to-day work*.　　　　[0706 ③]

　　 d. . . . I have to break it down to such a low level, *such a simple level* for me to understand, that if I can understand it, everybody can understand it.　　　　[1001 ②]
　　　　（英語講師が、自分の理解の仕方と教え方について語るところ）

　　 e. . . . or, if it's a story that's in the news, *a topic that's in the news*, then we'll try and look at it from, *try and find* the different angle.　　　　[0711 ②]
　　　　（雑誌 *Forbes* の東京支局長が取材の方針などについて語るところ）

どの例文でも、何らかの表現が共有されている。(58a), (58b) は付け加え型、(58c), (58d), (58e) は置き換え型である。模式的に表すと、次のようになる。

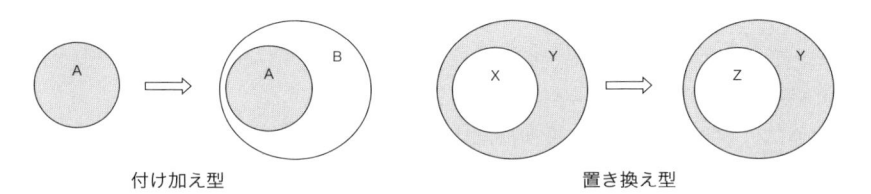

図 9: 「言い換え」の模式図

付け加え型では、A という表現を共有し、B が付け加わる。一方、置き換

え型では、XとYの連続体で、Xの部分をZで置き換えて、ZとYの連続体に換える。いずれも表現の一部が共有されることになる。

　一般に、話し手には、最初は簡単な語(common words)で言ってから、その後により具体的な表現で言い換えようとする傾向がある。そのような言い換えは詳細化(elaboration)を目的としているので、文での言い換えか、あるいは形容詞節の付加による言い換えの用例が多い。次例がその典型である。

(59) a. And she says herself, she's killing too many people, *she's responsible for too many deaths*.　　　　　　　　　　[1305 ①]
　　　(ボンド映画の俳優 Daniel Craig が、作品内の女性上司 "M" のことについて語るところ)

　　b. ...everyone who reads it has their own interpretation of who these people are, *who these characters are*.　　[1311 ①]

　　c. ...So, the, for me, the process of writing is about connecting real information that comes from experience and then information that kind of gets blown out of proportion, *information that is marketed by the mass media*.　　[1401 ②]

　　d. How was it, filming in a lot of the real locations where Dillinger's story took place, *locations that he had actually visited and frequented*?　　[1001 ①]

(59a)では、上司 "M" が直接殺していると解釈される恐れがあったので、「死に責任を負っている」という文に言い換えている。(59b)では、peopleがより詳しい characters(登場人物)という語になっている。(59c), (59d)は、修飾部の付加の事例である。

　逆に、次例のように、最初口に出した表現が詳しすぎたり、専門的すぎたりしたため、より簡単な語彙で言い換えを行う場合もある。

(60) a. ...and you can do things with the tablet if you're not encumbered by the legacy of the PC, *if you view it as different*.　　[1305 ②]

b. ... that a child who would have trouble with mobility, *a child who could not walk properly*, would be the object of much joking and teasing. [0209 ②]

このように言い換えには 2 つの方向があるが、全体で見ると、詳細化を目的とする言い換えが多い。このことは、リアルタイムで進む発話において、頭に浮かんだメッセージが言語化される際には、比較的簡単な語が用いられやすいということを示しているように思われる。

話者の中には、発話内容を確認しながら話すような人がおり、その場合は、言い換えや説明的な補足が発話の中に頻繁に現れる。

(61) I think anyone can be a leader if they care about something more than their comfort, *if they care about something more than the approval of other people*. You may see somebody who's very quiet, *who does not seem to be a great leader*, but if you find something they're passionate about, *something that they are willing to do something about to make a difference*, they will suddenly become a much better leader. [0705 ③]
(経営コンサルタントが新しい時代が求めるリーダーについて語るところ)

I think anyone can be a leader X, X'. You may see somebody Y, Y', but if you find Z, Z', they will suddenly become a much better leader という形で言い換えが起こっている。常に後半が詳しくなっている。

模式図で見たように、ふつう言い換えでは何らかの表現が共有されている。しかし、「同格説明型」ともいうべきパターンもある。この場合は、言い換えというより、仕切り直しに近い。

(62) a. So if you keep remembering that it's a cycle, *that you're just going round and round and round, it's not that you're not supposed to be just moving forward in one line,* then I think that makes it easy, easier to, uh, to keep going. [1001 ②]

b. ... the first thing was, like any college student, I just spent a lot of time hanging out with my friends, *people who were studying computer science, psychology, the things that I studied, other stuff*, and ... 　　　　　　　　　　　　　　　　　［1204 ①］

　(62a)は外国語学習についてのアドバイスを述べているところで、「学習が循環である」と言った後、それをわかりやすい表現にしている。(62b)は大学時代につきあっていた友人について、より詳しく述べている。

　言い換えは基本的に発話の余剰性を生み出すが、その余剰性は話し手から見れば発話を遅延させる効果を持ち、聞き手から見ればリアルタイムの情報処理を容易にしているように思われる。

3.6.2　言 い 直 し

　SLでは、発話されたことばが、その後の構造とうまくつながりそうにないので、途中で言い直されることがある。false starts, re-starts, repairs などと呼ばれてきた現象である。言い直しは、言い換えと異なり、原則として、前半部は構造的に不完全である。

　以下は、語の途中で言い直しが発生している例で、下線部はそのままつながらないと判断された部分、斜字体部は言い直された部分である。

(63) a. ... we need to get exc, you know, *involved* in these, in these ideas. 　　　　　　　　　　　　　　　　　　　　　［0911 ②］
 b. Um, and so what can happen to any European coun, *any, any Eurozone country,* but can't happen to America, Japan or Britain is that ... 　　　　　　　　　　　　　　　　　　　　［1207 ②］
 c. Japan is a ser ... , *has got a serious problem.* 　　　［1308 ③］

　実際のところ、(63)のような語の途中の言い直しは比較的少なく、むしろ語を言い終わって、その後に続かないと気づいて言い直される例が多い。ただ、言い直しが始まる断裂部では、統語的なあるいは音声的な統合性は無視されており、自らの発話をモニター中に気づいて発生する現象だと言ってよい。

3.6 「言い換え」と「言い直し」 | 153

(64)は、be 動詞文で言おうとしたが、つながらないと気づいて修正している。このような、be 動詞文を本動詞文に言い直す例が比較的多い。

(64) a. ... actually, he's a terrific, uh, *he did a terrific job*, ... [1302 ①]
　　b. ... so maybe they're out at a party, they're not, *they don't feel at all shy*, *but* they still start craving, wanting to be alone after a while. [1402 ②]

(65) a. ... Because the flute is very, *has a mysterious quality*. [1008 ②]
　　b. Everybody has a moral, *makes moral choices* that better themselves and hurt someone else along the way. [1211 ①]

言い直しが発生する場所には統語的な統合性はない。また、(64)のように、文構造の最初から言い直される場合もあれば、(65)のように、述部の部分だけの言い直しもある。こうした言い直しは、概念的にはすでに形成されていることを、統語的に形成する段階で、構造的につながらないと途中で気づいて、その場で発話を修正する現象である。例えば、(65b)では、道徳的選択について言おうとして、has a moral と言ったところで、choice と連語の関係上つながらないと気づいて、さかのぼって make で言い直している[25]。

(66)では、言い直しの際に機能語化している。一般に、冒頭部での言い直しは、次に言うべき表現を探しているようなときに起こりやすい。こうした場合では、同じ構造を単に繰り返す形で言い直すので、後半部では機能語化する。

(66) a. ... and, uh, my teacher was, um, *she was* a black belt in aikido. [1403 ③]
　　b. A lot of the time, and in my mother's case, this selfishness is not, *it's not* malicious. [1107 ②]
　　c. And I think Dillinger had a, *I think he had a* pretty profound

---

[25] ちょうど、途中まで戻って、なぞるように言い直すので、LGSWE (p. 1062) は retrace and repair という名を付けている。

sense that the clock was ticking on him, ... [1001 ①]

  d. This idea that people are mostly stupid sheep is just, *it's* falling apart very quickly. [1204 ②]

例えば、(66a)では、my teacher was と言ってから、表現を選んでいるようなポーズがあり、その後に同じ構造を機能語化して繰り返して、全体を言い直している。

以上の例は、局所的な言い直しであるが、言い出した構造を途中で完全に放棄して、別の表現で再スタートするときもある。

(67) a. And, you, um, there's no way that you c.., *I don't think, as a parent, that you can* actually ever let go, even when you honor your child's decision ... [0911 ②]

  b. ... The Russian was so hard and I, I knew all the words, but the intonation were just so difficult that it was, *we have to do a lot, a lot of takes with that one*. [1011 ①]

言い直しは主部と述部のつながりがうまくいかない形で多く見られる。したがって、次のように、主部と述部のつながりのところで、まったく新たに言い直しが始まることがある。

(68) A: Um, it was the second time I've worked with a female director and, um, no, it was amazing. I mean, Sophia is someone who's ..., directs in a way that⁽ᵃ⁾'s very, *she's very calm*, and I mean, it was amazing. If you were ever stressed, I never knew. Because she was so ...

  B: Glad I kept that undercover.

  A: Yeah, you really, really did, I never would've known, and it was nice to work with someone that⁽ᵇ⁾, *she's really spontaneous as well*. [1403 ①]

  （映画『ブリングリング』に主演した女優 Emma Watson (A) が監督 Sofia Coppola (B) の印象を語るところで、Watson が Coppola 監督は

3.6 「言い換え」と「言い直し」 | 155

calm で spontaneous な女性である、と言おうとしているところ）

下線部(a), (b)で関係代名詞を使っているが、表現がつながらなくて、she's very calm や she's really spontaneous という単純な判断文で言い直している。つまり、関係節でつなぐことを途中で放棄して、独立文で言い直している。関係節は埋め込み構造なので、そのぶん複雑な構造である。(68)は、複雑な構造を避けて、単純な文で言い換える現象とも言える。

最後に、さまざまなリアルタイムの発話の構造的な特徴を事例観察してみたい。

(69) . . . and there's no creative destruction, and I hate the A*w*, *term*, B⟨it irritates me C *in*, even *in* saying it, but⟩ D⟨*if a poorly performing company outside of Japan*, E⟨unless it's a national champion, there are exceptions,⟩ F⟨*if it's underperforming*,⟩ some will come in and buy it. That doesn't happen because of the cross shareholding system in Japan. ［1205 ②］
（オリンパス社の Woodford 元社長が、日本の経済産業構造の特殊性について述べるところ）

(69)の発話にはリアルタイム性に基因するさまざまな特徴が混在しており、構造上の不透明感がある。しかし、これまで述べてきた「挿入」、「言い直し」、「言い換え」といった現象を踏まえて分析すれば、構造関係が明らかになる。

まず、A は言い直しである。I hate the word と言いかけたところで、term で言い直している。B は、最後に but があることからわかるように、メタ・レベルのコメント的挿入句である。また、B の内部の下線 C は、音韻上の理由による機能語の繰り返しである。そして、D から F は若干込みいっているが、D と F は、E の挿入によって分断されている。F の冒頭部の機能語は、E の背景部前置による挿入があるため、D が繰り返されている。もし強引につなげれば、if a poorly performing company outside of Japan is underperforming, some will come in and buy it という節になるが、poorly performing と underperforming が余剰的になっている。これは副詞類の E の挿入による一種の統語調整である。さらに、E の中にある there are exceptions もまた、コメント的挿入になっている。ここでは明確なシグナル表現はない。しかし、音声的には low pitch で発話されており、他とは音声的に区別され、「例外はありますけど」といったニュアンスになっている。(69)で観察される複雑な構造上の関係も、SL の特徴を踏まえた構造分析をすれば、その背景にある話し手の意図を明らかにすることができるのであり、単に「崩れた」構造として見るのは間違いである。

3.7　構造の変容

前節までは、ある意味では SL における順序性の変化について考察を行った。本節では、平板化という観点から SL の構造的な変化を考えてみたい。

3.7.1　構造の平板化

音声のある発話は線形的であり、基本的に順序がある。水平方向の関係である順序は、垂直方向の関係である階層性の変化と連動している。したがって、これまで見てきた「繰り返し」、「言い換え」、「言い直し」といった順序に関わる現象は、平板化・脱階層化といった変化としてとらえ直すことができる。これを次の模式図(図10)で見よう。伝えたいメッセージを、球体のような統合体として考える。「繰り返し」や「言い換え」のような余剰性につながる現象であれば、階層性が減じて平板化する。逆に、WL のように表現を整理(edit)していけば、階層化してまとまっていく。

3.7 構造の変容 | 157

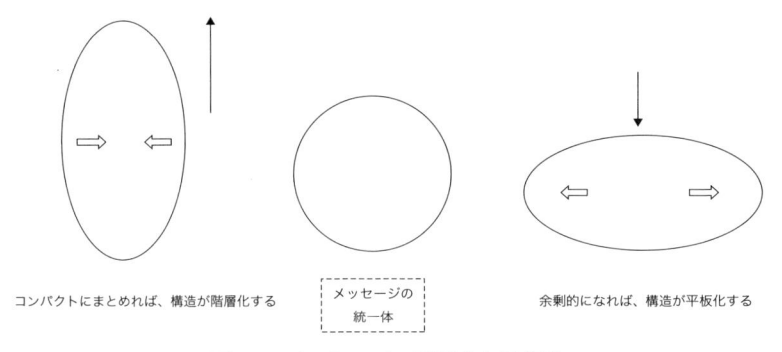

コンパクトにまとめれば、構造が階層化する　　メッセージの統一体　　余剰的になれば、構造が平板化する

図 10: メッセージの階層化と平板化

本節では、これまでの観察を一部繰り返しながら、句、節、そして談話のレベルでの平板化について考察する。

句レベルでの平板化

　一般に、リアルタイムで進む発話では名詞より代名詞が現れる頻度が高い。代名詞は基本的に、階層性を生む修飾部を持たないので、そのぶんリアルタイムの解釈を容易にし、その使用はコミュニケーションのスピードを上げる。もちろん、こういったことが可能になるのは、そもそも SL の場面性・対面性のせいであるが、代名詞の多用という SL の特徴は句レベルでの平板化として理解できる現象の 1 つである。

　3.5.2 で列挙による文構造の繰り返しについて観察した。このパターンも名詞句が平板化する現象の 1 つとしてみなすことができる。例えば、(70a) では、下線のテレビ番組を 1 つにまとめて、(70b) のように並べたほうがすっきりする。

(70) a. [x*I watched a lot of* A⟨the Kardashians⟩], [*I watched a lot of* B⟨Paris Hilton⟩], [*I watched a lot of* C⟨the Hills⟩]. = (52b)
   b. [x*I watched a lot of* TV dramas, such as A⟨the Kardashians⟩, B⟨Paris Hilton⟩ and C⟨the Hills⟩].

実際、WL では (70b) のような形に推敲される可能性がある。しかし、such

as のような表現で X の中にすべてを詰め込むと構造が階層化してしまい、リアルタイムで理解するときには「重たい」のである。この辺が直感的にわかるように模式的に表してみる。

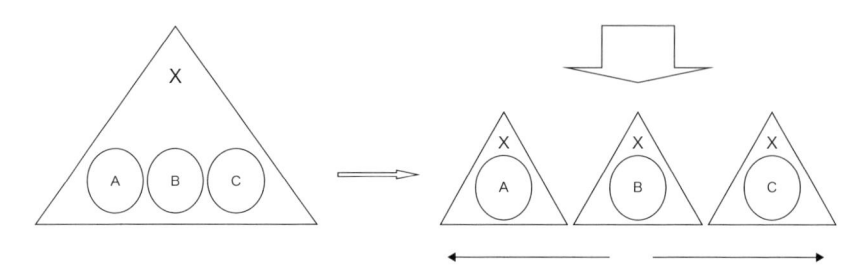

図 11: 平板化のイメージ

左の構造では、such as で名詞句は複数の情報をひとまとめにしてある。それを、基本構造 X の中のスロットを1つに限定して、3つの同一の構造の中で A～C を個別的に挙げることで、右のような構造に変わる。すると、階層性は減じて、平板化すると同時に、水平方向に伸びている。ここでは、たしかに間延びし、余剰的になっているが、増えているのは繰り返し部なので情報処理的には負荷は増えず、浅い構造を一つひとつ処理していけばよい、ということになる。産出する話し手にとっても、理解する聞き手にとっても、情報処理の負担が減ることになる。そのため、時間に急かされるリアルタイムの発話では図の右のような構造になりやすい。

さらに、3.6.1 で見た言い換えも名詞句の平板化とみなせる。(71a)は置き換え型、(71b)は付け加え型の言い換えである。

(71) a. ...it's a hint of heaven, *a hint of worlds beyond what we understand*. ＝(3) [1008 ②]
　　 b. ...I think we're looking at complex of monuments here, *of rock-hewn monuments*. ＝(58b) [0707 ②]

ここでは、下線部の簡単な構造がまず現れて、次に斜字体部のより階層化した構造が来ている。(71)では、斜字体部の階層性のある構造の一部が露払いのように先に現れている、いわば構造の一部の「前置きパターン」で

ある。模式的に表せば、図 12 の左の「つまった」構造が、A を前に置くことで空洞化した構造に変わっている。

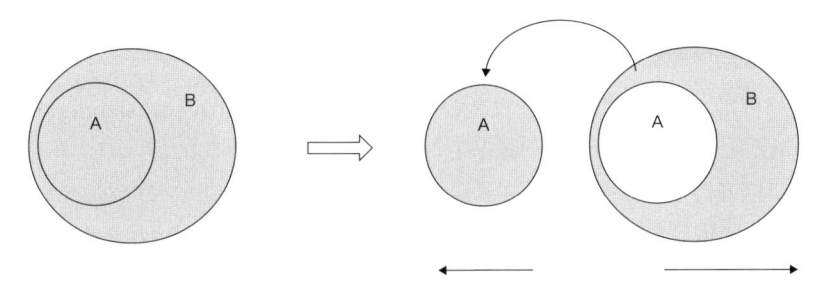

図 12: 言い換えの平板化のイメージ

この 2 段構えの構造は、複雑に階層化した発話を避けるためのものであり、構造を 2 つに分けて、一部を余剰化させながら、結果的に平板化しているのである。

SL では、階層性のある構造が何らかの形で 2 段構えに現れることがある。

(72) . . . I think deep down in my heart that *for a woman to have a complete life as an artist*, any woman who decides to do this should not have a family. A woman should be like a nun, go out there and just dedicate herself to her art. ［1008 ②］
(女性フルート奏者が、女性がアーティストとして成功することについて語るところ)

下線部の不定詞句は斜字体部を指している。1 つにまとめれば、"any woman who decides to have a complete life as an artist should not have a family" ということだが、ここでは 2 段構えの構造となっている。

もう少し複雑な例を見てみよう。

(73) Well, I kind of associate it with, a lot *with* the church singing, because I find that that music is, *you know*, is very similar in style, *sort of*

religious, especially English or, *you know*, British religious music
.... [0708 ①]
(「あの音楽は、スタイルがとっても似ているんですよねー、ある種の宗教的な、特にイギリスの、つまり、わかりますよね、英国の宗教音楽っていうもののことですけど...」)

下線部は、固定的な挿入表現を除いてまとめると、"that British religious music is very similar in style ..." というメッセージである。しかし、(73) では修飾要素で階層化した主語が文末に移動するとともに、修飾要素が継ぎ足しで現れている。(73) はウェールズ出身の人物の発言なので、English ということばを、わざわざ British と言い換えているが、それを除いて生成のプロセスを簡略化して示すと、次のようになる。(74a) では、music に対して、that, British, religious の修飾的要素がある。(74a) から (74b) の変化では、that が他の修飾要素と分離している。次に、(74b) から (74c) の変化では、religious が分離して現れて、結果的に、修飾要素が一つひとつ先に現れる構造になっている。

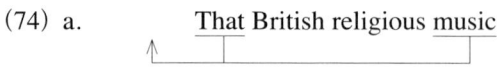

(74) a. That British religious music
b. That music, ... British religious music
c. That music, ... religious (music), ... British religious music

このプロセスを模式図で表すと次のようになる。まず、修飾要素のある (74a) は、図の (a) のような階層化した構造である。中間的な段階の (b) では、that music が先に現れていて、繰り返し要素を含む 2 段構えの構造である。(c) においては、さらにもう 1 つの修飾部が前に現れて、繰り返しを含みながら 3 段構えになっている。

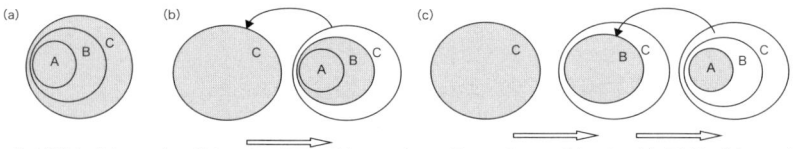

図 13: 句レベルの平板化のイメージ

つまり、(73)の発話は階層性のある構造が3段構えに分かれて、水平方向に数珠つなぎ的に伸びて、結果的に階層性が減じているのである。

C&Mは、名詞の前に複数の修飾部が現れる事例はWLでは頻繁に見られるが、SLにおいては非常に少ないと指摘している。聞き手の情報処理には制約があるので、次のような構造になりやすい、という。

(75) a. Yeah, it's <u>a big house</u>, *six bedrooms*.
   b. It's <u>a large house</u>, *lovely, just right*.
   c. For that time of year you need <u>a polo-shirt or something</u>, *light, cool, you know, short sleeves, cotton*.
   （＝a light, cool, short-sleeves, cotton polo-shirt）

(C&M 2006: 169f.)

こういった、句レベルで階層性を避けて平板化する現象を、C&Mは、phrasal chaining という用語で呼んでいる。

節構造レベルでの平板化

3.6.2 (pp. 154–155) で見たように、SLでは、関係代名詞でことばをつなげるのを避けて、主文化させる傾向がある。このパターンは順序性という観点では言い直しに分類できるが、階層性から言えば平板化の現象である。

(76) However, as I described in my book, I, um, was astonished to get a letter from a woman, er, <u>who</u>, *I'd met her before and she described to me how she had got stereo vision and alignment of her eyes at the age of 50.* ［1211 ②］
　　（脳神経科医が、目の障害を直して立体視ができるようになった女性について語るところ）

(76)では、関係代名詞 who である女性を規定しようとするが、それをあきらめて、独立文で言い直している。

WLでは文を基本単位として、文と文の間のさまざまな意味関係を接続詞で明示する。それは結果的に埋め込み構造となり、垂直方向へ階層化さ

れる。一方、SL では、意味関係を明示したいという気持ちはあっても、話しているうちに、埋め込み構造が避けられて、文と文が併置され、構造が平板化することがある。例えば、(77)のように従属接続詞で始まっても等位節化してしまう。

(77) a. <u>Even though</u> your songs deal with dark issues, dark themes, and dark anger, <u>and</u> there seems to be an innate humor in all of the songs, I found. Why do you think that is? ...　　　[0703 ②]
(インタビュアーが、あるアコーディオン奏者に、自分の曲について語らせようとしているところ)

b. ... you know, <u>whereas</u>, when I did my MBA, you know, they teach us a lot of analysis and things, <u>but</u> I think you don't realize it, until you're actually using your own money in a company, ...
　　　[0706 ③]
(ある会社経営者が、学校で教わったことは実際に自分が経営者にならないと理解できない、と語るところ)

(77a)は even though で導かれる従属節が、結果的に and でつながっている。また、(77b)では、whereas で導かれる節が、when 節の背景部前置による挿入の後で、結果的に対比の but でつながっている。インタビューでは、明示的に語ろうとする意識からか、はじめに従属接続詞が現れるが、従属節であるという認識が途中で薄れて、等位節化し平板化することがある。しかしながら、どのような従属節でも平板化するかと言えば、そうではない。一般に、(77)のような譲歩や対比を表す従属節が平板化しやすい。

譲歩節が平板化しやすいのは、譲歩節で表される内容が長くなりやすいことによると思われる。後続の情報の背景として言い始めた内容が非常に長くなって、統語への注意がそれてしまい、並列の関係に平板化すると言える。次例は、オックスフォード大の学生である話者がオックスフォード大の世俗化について語っているところである[26]。

---

[26] *Brideshead Revisited* はオクスフォード大生と貴族社会を描いたイギリス小説。テレビ化、映画化もされた。

(78) And so it becomes, it's kind of meritocracy rather than elitism, and so I guess that, I think, <u>although</u> I think there are some people who come to Oxford and then choose to feel that they're elite, and so you get a small group of people who kind of, you know, prance around thinking, "Oh, you know, we're like, you know, all the famous images in the past of like *Brideshead Revisited*, and stuff like that," <u>but</u> . . . it's kind of like a collection of people from all sorts of places, so . . . ［1308 ②］

(78) では、although で言い始めて、途中に so などの節が加わり長くなっていき、although との相関が希薄化して、but でつながれたと考えられる。自らがオックスフォード大生であるためか、ぼかし表現が多いようだが、話者の言いたいことは、(79) の 3 つの文からなっている。

(79) A: There are some people who actually come to Oxford and then choose to feel that they're elite.
　　 B: You can see a small group of people who prance around, thinking that they are famous images portrayed, say, in *Brideshead Revisited*.
　　 C: Oxford is now a collection of people from all sorts of places.

概略的に言えば、(79A) は、「オックスフォード大に入学して、エリート・上流と思っている人もいる」、(79B) は「上流階級にいると思って、はしゃぐ輩が一部にいる」、(79C) は、「オックスフォード大は普通の人の集まりである」となる。(78) では、この 3 つが、"Although A, ... (C)"、"A, so B"、そして、"B, but C" の順で並んでいる。図で模式的に表すと、次のようになる。

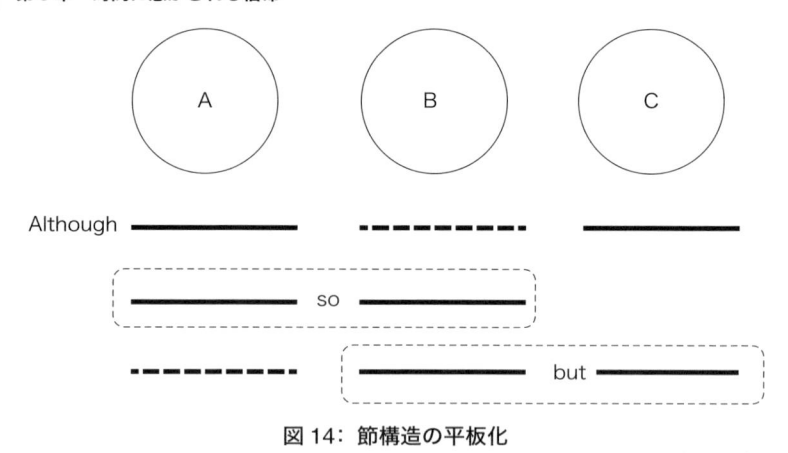

```
         A              B              C

Although ━━━━━━   ╍╍╍╍╍╍╍╍╍   ━━━━━━
         ┌╌╌╌╌╌╌╌╌╌╌╌╌╌╌╌╌╌╌╌╌╌╌╌╌╌╌┐
         ┆ ━━━━━━ so ━━━━━━ ┆
         └╌╌╌╌╌╌╌╌╌╌╌╌╌╌╌╌╌╌╌╌╌╌╌╌╌╌┘
                ┌╌╌╌╌╌╌╌╌╌╌╌╌╌╌╌╌╌╌╌╌╌╌╌╌╌╌┐
╍╍╍╍╍╍╍╍╍ ┆ ━━━━━━ but ━━━━━━ ┆
                └╌╌╌╌╌╌╌╌╌╌╌╌╌╌╌╌╌╌╌╌╌╌╌╌╌╌┘
```

図 14: 節構造の平板化

本来 although で導いた節は C に応じている。しかし、A の内容に反応して、so で B を併置してつないだ。そして、B、あるいは A, so B の内容（「上流階級だと思っている」）に対比して、C を but で併置してつないでいる。つまり、although で始めたけれども、A, B, C が結果的に、局所的な意味関係を明示するために等位関係となり、構造が平板化している。

談話レベルでの平板化

　関係節構造や従属節構造は埋め込み構造である。そして、基本的には埋め込み構造は、情報処理の負荷が高いと考えられる。そのため、総じて、SL には単文化傾向がある。単文化されたセンテンスが談話管理上のマーカーである and, but, so などで並列的につながれていくのである。事例で見てみよう。

(80) Well, the most recent project is a live album from the Blue Note Tokyo in Japan, with special guest Robben Ford, <u>and</u> I first met Robert Ford in the mid-70s, <u>and</u>, um, ⟨I'm five years older than Robben is,⟩ <u>so</u> we were very young when we first met, <u>but</u> his playing just impressed me so much that we became friends. // I invited him to my house <u>and</u> we sat and played our guitars together, just at

the home, and I knew that someday Robben and I should do a project together, and now, some 30 years later, we did a live CD and we're gonna perform all over the world, two guitarists.　[1302②]
（ジャズ演奏家 Larry Carlton が Robben Ford との共演について聞かれ、ブルーノート東京でのライブのアルバム化に至る経緯を、Robben と会ったときに遡って述べている）

文と文はほとんど等位接続詞でつながっている。and の出現が非常に多いが、この場合の and は単に談話継続のシグナルのように使われている。一方、so や but は、前後の文の局所的な関係を表すために使われている。例えば、but は若かったことと演奏がうまかったことを対比している。そして、// で示したところに唯一接続詞がない。それは、ここで話題が具体的な出会いについての語りに変わったからで、談話継続の and が現れていないのである。

3.7.2　構造の融合

統語融合(syntactic blends)は、統語的に出だしの構造と終わりの構造が文法的に整合しないものとなる現象で、リアルタイムで進む発話にのみ観察されるものと言ってよい。なぜなら、WL においては推敲によって書き直されてしまうからである。母語話者にとっては、この統語融合は、非文法的な構造であるという認識があるのであろう。しかしながら、統語融合文の中には、一種の談話上の効果を持って現れていると考えられるものがある。

統語融合の類型

LGSWE は、典型的な統語融合として、次例を挙げている[27]。

---

[27] C&M (p. 171) では、「節融合(clausal blends)」という名のもとで、次の例がある。
　(i) In fact, that's why last year they rented a nice house, in er Spain, was it, is that it was near the airport.
ライティングあるいは careful speech においては、(i) は The reason they rented a nice house in Spain last year was that it was near the airport になる、と述べている。

(81) a. In fact, that's *one of the things that there is a shortage of in this play,* is people who actually care, er, erm, . . . about what happens to, erm, each, each other.
　b. About a hundred, two hundred years ago, we had *ninety-five per cent of people, i, in this country,* were employed in farming.

(LGSWE: 1065)

構造関係を不透明にする挿入句などを除いて観察すると、この文は下線部の2つの動詞の間に1つの名詞句が挟まって、始めと終わりが一致していない構造になっている。例えば、(81a)は、下図のように、that's [X]からなる文構造と[X] is [Y]からなる文構造が融合しているのである。

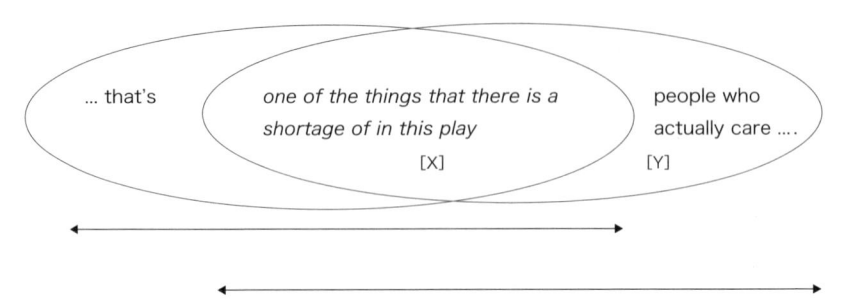

図15: 統語融合文の関係

このような統語融合文はWLの文法論では許されない構造であるが、実は、SLではよく見られる構造である。

事例研究: that's X is Y の形式

　(81a)のパターンを取り上げて、事例分析を行う。実は、これは本書104頁の(C–c)にもあった事例である。インタビューには、この構造が比較的よく現れる。ただし、構造的には、どのような形でもよいというのではない。ふつう that's は固定されており、X は名詞句である。Y には be 動詞の補部形式を満たすものがくる。Y の形式で、事例を分類してみる。(82)は、Y＝文である。

3.7 構造の変容 | 167

(82) a. So, you know, I think that's *one thing that a young art student could look at in their life* is that there's many possibilities and . . . 　　　　　　　　　　　　　　　　　　　　　　　　　　　[0210 ②]
　　　　(キャラクターデザイナーが、美術を専攻する若者に対する励ましを語るところ)

　　b. . . . and I think that that's *something that people don't realize about her* is there's such a softness to her, . . . 　　[0510 ①]

　　c. That's *the thing for me* is that it couldn't just have been, like, a great part with some really big acting challenges. 　[1206 ①]

次に、Y＝名詞の場合で、(83)は名詞句、(84)は不定詞や動名詞などの例である。

(83) a. I think, uh, that's *one of the things that's been very important in a writer who's as important as Shiga Naoya* is the simplicity of his style, the cleanness of it. 　　　　　　　　　　[0706 ②]
　　　　(アメリカ人文学者が志賀直哉の文体について語るところ)

　　b. . . . and I think we're, that's *one of the fastest, uh, things that we're beginning to lose* is this old view of the world that there are a handful of thoughtful, intelligent people . . . 　[1204 ②]

　　c. And that's exactly *what he experiences* is new groups of people constantly and . . . . 　　　　　　　　　　　　　　　[1401 ①]

(84) a. . . . And that really was *my dream*, when we came to make this movie, was to kind of put everything in the pot, because, er, no one told me you couldn't. 　　　　　　　　　　　　　　[1305 ①]
　　　　(俳優 Daniel Craig が映画作りについて語るところ)

　　b. . . . so that's *the secret to directing*, I think, is working with really good people. 　　　　　　　　　　　　　　　　　　[1211 ①]

　　c. . . . 'cause I like . . . that's *the only thing that I still enjoy about acting now* is the process, is making the movie, is showing up every day and working with . . . 　　　　　　　　　　[0210 ①]

多くの場合、I think と共起していることが観察される。

　これらの事例を母語話者に視覚情報として与えて、コメントを求めると、ほとんどが「非文法的である」と答える。だが、前後の文脈とともに全体を音声で聞いた場合、非文法的な構造の存在に気づくことはほぼない。同じパターンが SL で繰り返し観察されるので、これらは偶発的な言い誤りではなくて、何か意味(あるいは働き)を持っていると考えるべきであろうと思う。

　本書では、基本的に、母語話者の発話に現れている用例ならば、「非文法的である」とか、「誤りである」といった立場をとっていない。ときおり「非文法的な...」という表現を使っているが、それは WL には見られない構造という意味であって、何か正しい構造があって、それから外れている・崩れているという価値判断をしているのではない。

　この統語融合は、発生している箇所だけを見ていても、その要因を理解することが困難である。この構造には、発生しやすい文脈があるのだが、それを理解するために、少し長めの引用をしてみよう。事例は、俳優 Leonardo DiCaprio が主演作『インセプション』の監督 Christopher Nolan と SF について語っているところである。

(85)　You know, one of the earliest conversations I had with Chris is how both of us have a hard time with science fiction. We have a little bit of an aversion to it because it's hard for us to emotionally invest in worlds that are too far detached from what we know, and *that's what's interesting about Chris Nolan's science fiction worlds* is they're visually deeply rooted in things that we've seen before. There are cultural references and it feels like a world that is tactile, that we understand, that we could jump into, and there's not too much of a leap of faith to make.　　　　　　　　　　[1101 ①]

下線 that's の先行文脈では、まず、2人とも SF に関して苦労している(have a hard time)、苦手意識がある(have an aversion)と語り始めて、その理由は、(a)「自分たちが知っていることとあまりにかけ離れた世界に感情的にのめ

3.7 構造の変容 | 169

り込め (emotionally invest) ない」からだと述べる。そして、そこが (that's)、(b)「ノーラン監督の SF 世界の面白いところなんだ」と続ける。この時点では、発話者にとって、(a) と (b) はつながっているという意識がある。しかし、一方で、ちゃんと伝わっているかという疑念も生まれている。つまり、「ノーラン監督の SF 映画の面白いところ」は、that が直接的に指している「非現実的な世界に感情的にのめり込めない」といった消極的なところではなくて、「SF 映画なのに現実の世界を描いている」という積極的なところだからである。その意味で (a) と (b) の間に飛躍を感じて、ちゃんと伝えたいという心理が働いて、(b) の後に、「彼の SF の世界がすでに見たもの・知っているものに視覚的に根ざしている」と付け加えたのである。したがって、意味的な関係としては、that が先行文脈で指示する内容の具体的な説明が is 以後に現れていると言える。

　リアルタイムの発話では、話者は、口から出したことばについて、その構造を局所的に調整しながら、話を続けていくという傾向がある。この統語融合には、そうした傾向性が強く反映されており、文法的に正しい構造というわけにはいかないが、だからといって完全な発話エラーとして無視することも間違いである。統語融合は、不規則に起こる現象ではなく、時間という制約を受けながら、自分の伝えたいことをできるだけはっきりと伝えようという心理から生じた表現である。

　LGSWE が挙げるもう 1 つの事例、(81b) も同じような特徴を示す。(86) はインタビューの事例である。

(86) a. We have some great partners. We have *Goldman Sachs* is a very big investor in *Room to Read*. ［0804 ③］
　　 b. ... but, you know, I've met a lot of our readers here, we have *a Harlequin club which has our most loyal readers* are members of it, ... ［0507 ③］

We have X Y といった構造を持っており、We have の部分が XY という内容を談話へ導入するシグナル的な機能を持っている、と解釈することもできる。

このような事例は、WL の文法論では許されない構造である。しかし、SL では、ある文脈条件がそろっていれば十分起こりうるものである。したがって、こうした統語融合は、文法規則で作られる構造ではなくて、話し手が伝えたいことをちゃんと伝えようとして、その場で一時的に採用するストラテジーであると考えられる。ゆえに、ある種の統語融合はエラーに分類されるものではなくて、何らかの談話上の働きを持ったパターンとして解釈されるべきものである[28]。

最後に、LGSWE が統語融合として挙げているその他の例についても簡単に触れておきたい[29]。

(87) a. So if you were — in receipt of income support, then you don't have to pay very much.

b. You're talking about a week and a half or something, aren't we?

(88) a. The smallest room they have is for twenty-five to thirty people which I mean even that may be too big for what we want.

b. We have all these twentieth century, uh, devices that we have eighteenth century people running them . . .

(89) a. Uh, he's *a closet yuppie* is what he is. (p. 90, 注 39)

b. You know *who else is like that* is Jan.

始めと終わりで形式が一致していない例と言えるが、(87) と (88) は図 15 で示されるような共有する部分がないので、本節で事例研究を行ったパターンとは異なる。(87a) は仮定法と直説法、(87b) は人称の齟齬である。口から出たことは取り消せないので、こういった齟齬は SL では散見される。これは発話途中の統語調整として考えられる。また、(88) は再述代名詞(re-

---

[28] 英文法では amalgam 文と称される形式がある。Swan(2005: 498)は、(i) のような例はインフォーマルなスタイルで見られる、としている。

(i) There's a man at the door wants to talk to you.

これも統語融合の例で、ここでは、there's は談話導入のマーカーのような働きをしていると考えられる。

[29] LGSWE (pp. 1065–1066) 参照。

sumptive pronoun)の事例である[30]。ふつう英語の名詞句を先行詞とする関係節構造では、関係節内の名詞句は空所となるが、関係節内で余剰的に代名詞が出現するときがある。このような代名詞は再述代名詞と呼ばれる。再述代名詞は、先行詞と関係節の関係を切り離すような効果があり、SL において構造を平板化する現象の 1 つに位置づけられる。一方、(89)は斜字体の共有する部分を持っており、発話場面での何らかの談話上の効果を持ったストラテジーとして発生する構造であると考えられる。(89a)は 2.5 節で述べた強調形式で、"he's a closet yuppie. That's what he is" といった形の中間形である。また、(89b)の形式は、修辞的な疑問文であり、例えば、"You know what else is good on toast, butter is." のような流れと類似しており、自分で尋ねて自分で答えるような言い方である[31]。これらの構造もまた、口から出たことは取り消すことができないという SL の宿命の中から生まれ出たものである。

---

[30] 荒木・安井(1992: 1271)では、「文法的には必要ないが、文意を明らかにするために、前出の語句をもう一度言い直す場合に用いられる代名詞」、と説明されている。ただし、同辞典では、第 4 章で述べる転移による代名詞も再述代名詞に含めている。

[31] LGSWE(p.1066) は、次のパターンは統語融合と区別すべきで、spoken English の文法の中で説明されるべきもの、としている。
(i)　a. I've seen Star Wars *God knows how many times*.
　　b. She's socially just like *I don't even know what*.
　　c. The birds and the deer and *who knows what else*.

LGSWE は(i)のような現象を semantic gap-filling clauses と名づけて、数量や程度を述べることができない場合に使われる、言語的な hand-waving の行為(あいまいに済ます行為)である、と述べている。3.4.2 で観察した現象に類似している。

岡田(2013)には、(iia)のような文の分析がある。
(ii)　a. We spent I don't know how much money on our vacation.
　　b. We spent a lot of money on our vacation.
　　c. *I don't know how much money* we spent on our vocation.

そこでは、(iia)の文は、(iic)の斜字体部を切り離し、(iib)の下線部に代入してできたものとして考えるとよい、という説明がある。岡田が挙げている例は、すべて小説から引用した実例であるが、臨場感のあるリアルタイムでの発話として書かれている箇所である。

3.8 まとめ

　時間は止めることはできない。リアルタイムで発話しなければならない状況では、頭の中で語るべき内容がまとまっていなくても話し始めて、話しながらまとめていかねばならない。話しながらも頭の中には語るべきことは重層的に浮かんでくるが、それをなんとか線形的な音声にしなければならない。時間という制約条件によって、SL には WL にはない構造の変化が宿命づけられている。

　たしかに、WL の観点から見れば、リアルタイムの発話は統語的な秩序を欠いた「崩れた」ことばであるという印象を持ってしまう。本章では、こういった印象を生み出す要因に関して、挿入、繰り返し、および構造の変容というキーワードで表される現象から説明しようとした。リアルタイムで進む発話は、WL のように遠近法的に整理されてはいない。しかしながら、表面的には無秩序な印象を与える構造であっても、リアルタイムという条件による宿命的な変化を切り分けていくと、その奥にはしっかりとした個別言語の文法が隠れていることがわかる。なるほど現れは異なる。しかし、文法の仕組みは決して「崩れて」はいないのである。

第**4**章

話しことばで見られる正規構造からの変化
―― 話しことばの流れとつながり

　第2章と第3章では、場面性・対面性およびリアルタイム性に基因したSLの特徴を述べた。本章では、そういった特徴と直接的には関係しないものの、SLに顕著である特殊な語順の文を考察する。とくに本章で扱うのは、「前置(fronting/preposing)」と呼ばれてきた言語現象である。

　英語にはさまざまな表現の前置があるが、ここでは「話題化(topicalization)」や「左方転置(left-dislocation)」といった名称で議論されてきた名詞句前置の現象を見る。まず4.1節では、名詞句の前置現象について先行文献の記述を概観する。4.2節では、話題化文の特徴を作例によって探求する。4.3節では、話題化文と構造的に類似した焦点前置文を取り上げて、その特徴を述べる。4.4節では、話題化文の特殊なパターンについて補説する。最後に、4.5節では転置の現象、とくに左方転置文について考察を加える。

4.1　名詞句前置について

　名詞句前置は主に話題化文として論じられてきた。話題化文というのは、(1)のような文である。典型的には、目的語が本来の位置(△で表示)ではなく文頭に現れる現象である。このような文に関して、前置された名詞句(斜字体で表示)には「話題をマークする(mark a topic)」といった説明が加えられる。

(1) a. *These steps* I used to sweep △ with a broom.

b. *Each part* John examined △ carefully.

c. *Poetry* we try not to memorize △.

d. *Our daughter* we are proud of △.　　　(Emonds 1976: 31)

英語は語順を守る言語であると一方で言われながら、他方でこのような文も可能であると言われると、英語学習者は困惑するかもしれない。さらに困ったことに、母語話者に(1)のような文を示して、こういう文は可能なのか、といった素朴な質問をすると、「これはヘンだ、こういうふうにすべきだ」などと言われてしまうので、学習者は途方に暮れる。

　(1)は生成文法学者のEmonds(1976)が挙げている例である。生成文法論は自然言語の背後にある構造的な制約を解明することを目指している。(1)が可能な文である以上、その構造の議論が必要であろう。だが、英語学習者が知りたいのはむしろ、このような特殊な語順がどういうときに起こるのか、また、英語学習で慣れ親しんだ無標の語順とどういう違いがあるのか、といったことではないだろうか。実のところ、こういった素朴な疑問に対する答えは、学校文法の基盤となっている伝統的な文法論の記述からも容易には得られない。特殊な語順の文が使われる文脈やその働きについての言及は皆無とは言えないが、英語学習者から見れば不十分であったり、ときにはミスリーディングな記述が多いように思われる。

　本書でしばしば言及してきた文法書の記述から見てみよう。まず、CGELでは、「前置(fronting)」という項において、次のような例文を挙げている。

(2) a. *Relaxation* you call it △.

b. *Really good meals* they serve △ at that hotel.

c. *That much* the jury had thoroughly appreciated △.

d. *Most of these problems* a computer could take △ in its stride.

　　　　　　　　　　　　　　　　　　　　　(CGEL: 1377)

CGEL (p. 1377)は、「本来文頭に来ることのない要素を文頭に移動させて、有標な主題(marked theme)を作り上げる」と述べて、いくつかの示唆的な指摘を行っている。(3)はそれをまとめたものである。

(3) a. ...as if the thematic element is the first thing that strikes the speaker, and the rest is added as an afterthought.
（主題要素は話し手の頭に最初に浮かんだことで、残りは事後的思考として付け加えられている如くである）

b. ...have a distinctly informal flavour, but fronting is in no way confined to colloquial speech.
（はっきりとインフォーマルな響きがあるが、決して口語に限定されるわけではない）

c. ...often serving the function of so arranging clause order that end-focus falls on the most important part of the message as well as providing direct linkage with what has preceded.
（先行文脈に直接つながりを付けると同時に、end-focus をメッセージのもっとも重要なところに置くように語順を変える機能を持っている）

(3a)は母語話者が感じる一般的な印象のようで、少なくとも通常の語順ではこのような感覚はない。前置された名詞句は談話の流れでいわば「ポンと頭に浮かんだこと」なのである。漠然としているかもしれないが、これは名詞句前置文の本質を突いていると思う。この特徴をここでは「瞬時性 (spontaneity)」と呼びたい。(3b)の通り、前置文は決してSLだけのものではない[1]。だが、瞬時性が暗示するように、推敲を経たような論説文では現れることはなく、もしWLで起こっていたとしても、それは小説の会話部などに限定されがちである[2]。したがって、名詞句前置文はSLに限られる

---

[1] CGEL の中でインフォーマルのラベルがある例は、ほとんどの場合、本書が対象としている SL のことであると言ってよい。

[2] ただし、CGEL (p. 1377)は、fronting について、"common both in speech and in conventional written materials" と述べている。これは CGEL が次のような倒置文を fronting に含めているからである。

(i) a. To this list may be added ten further items of importance.
b. Sitting at her desk in deep concentration was my sister Flora. She looked as though she had spent a sleepless night.

(i)のような前置文は、談話構造上の理由で、たしかに WL には "common" である。だが、本書では、(i)のような fronting を扱わない。話題化文は、瞬時性のため WL にはほとんど見られない。

わけではないにしても、SLとの親和性は高く、それゆえに本書で扱う理由がある。(3c)は情報構造上の特徴を指摘したもので、後述のように、2つの働きが含まれている。

　CGELの用例は作例なのか、実例なのか不明である。いずれにせよ文脈から切り離されて提示されている。一方、LGSWEはコーパスからの実例を使用しているので、使用文脈が若干わかるという利点がある。次のような事例が挙げてある[3]。

(4) a. Sandy moves ahead. "*This* I do not understand △," he said.
　　b. I put in the day on the job, which I like, and I go home at night. *That* I also like △.
　　c. Bess was satisfied with her hair, but *her freckles* she regarded △ as a great and unmerited affliction.
　　d. *Some things* you forget △. *Other things* you never do △.

(5) a. "Pretty strange, huh?" *That* it is △. I nod sadly.
　　b. I don't know what her name is. *Dot* I think her name is △.

LGSWEは前置を文法的に核となる要素(core elements)で分類し、目的語前置と補部前置を分けて記述している。(4)は目的語の前置文、(5)は補語の前置文である[4]。また、話題化文が生じるのは主節の肯定文にほとんど限定されて、頻度は "relatively rare" である、とも指摘している。たしかに後述の転置文と比較すると、話題化文は発生頻度が非常に低い。

　LGSWE (p. 900)は談話機能にも言及している。次の3つを一般的な前置の談話上の機能としている。

(6) a. 情報の流れを変えて、文脈上での結合性(cohesion)を達成する。

---

[3] LGSWE (p. 900)参照。

[4] LGSWEでは、(5a)は、(4)の例と同じく、"fronted objects and other nominals" の下位区分に入れているが(p. 901)、(5b)は述部の前置という別項目を挙げて、"fronting of predicatives with subject-verb order" という下位区分で記載している(p. 904)。(4)/(5a)と(5b)との違いは、後述の通り、話題化文と焦点前置文の違いに相当する。

b. 対比を表現する。
   c. 特定の要素を強調する。

CGEL の指摘と比較すると、(6a) は (3c) の日本語訳前半部分に相当し、(6c) は (3c) の後半の記述に対応する。そして、(6b) の「対比」は、先行文脈との関係づけと焦点となる要素の強調という二つの働きから生まれるものと考えられる。実際、(4) の事例に感じられる対比は、後述のように、ある種の二重性がある。

　C&M においては、いくつかの例に可能な文脈の説明が与えられている[5]。そして、目的語前置と補部前置に分けて、それぞれ次のような例を提示している。

(7) a. ...and then we bought an Impact, and *that* we couldn't get △ upgraded.
   b. I must admit, *my favorite books* I do read △ over and over.
   c. He's got those disconnected, but *that one* he's still got △ connected.
   d. I do the flowers; *the vegetables* he looks after △.
(8) a. Mm, *my very first car* that was △.
   b. *Jack*, could it have been △?
   c. *Ray the Bookie* we used to call him △.

例えば、(7a) は、「コンピュータを次から次へと買い換えて、upgrade してきたことを話している状況」、(8a) では、「ある古い車の写真を見ながら」といった簡単な文脈の説明がある[6]。

　文法書で上記の如き前置文の例に触れると、いつでも語順を変えることができるのだろうか、と学習者は思ってしまう。しかしながら、英語は基本的に語順に厳格な言語であり、このような前置文は非常に限られた文脈環境でしか許されない。

---

[5] C&M (pp. 780–781) 参照。
[6] 話題化文は文脈がないと非常に分析が難しい。その意味で、安藤 (2005: 753–757) が例文の出典を明記していることは特筆すべき点である。

LGSWEとC&Mがともに目的語前置と補部前置を分けていることは示唆的である。しかし、本書では、前置文は、音調と情報構造の違いに基づいて、「焦点前置(Focus Preposing)」と「話題化」に分けられるべきだと考える[7]。例えば、次の簡単な対話を見てみよう。

(9) A: Where can I get the reading packet?
　　B: In Steinberg. *Six dollars* it costs △.
(10) A: Do you watch football?
　　B: Yeah. *Baseball* I like △ a lot better. (Birner and Ward 1998: 36–37)

どちらも目的語前置で文法構造的には違いがない。しかしながら、音調と情報構造において両者には違いがある。まず、(9B)の場合、情報構造的には、前置要素は発話の「焦点(focus)」である。音調的には、前置要素に核強勢(nuclear accent)が置かれ、他の部分は典型的には非強勢化(de-accented)される。誤解を恐れずに言えば、(9B)の場合は、前置要素に強勢が置かれて、他は平板に発音される、といった印象になる。つまり、(9B)は焦点が前置された焦点前置文である。一方、(10B)では、情報構造的には、発話の焦点は前置要素以外のところにある。この文の場合、英語の end-focus の原則に沿って、文末要素の a lot better が焦点になる。音調上では、強勢が前置要素と焦点となる要素に置かれるので、2つの強勢を持った特殊な音調構造となる。(10B)では、焦点が前置されておらず、前置要素を話題として導入して、それについて述べようとする話題化文である。

Birner and Ward(1998)は、(9)と(10)を実際に聞いた会話として挙げているが、これらを前置がない構造に変換しても、対話としては十分自然である。命題レベルでの情報には差がないからである。しかしながら、命題レベルを超えたある種の聞こえ方・印象において差がある。したがって、やや漠然とした言い方だが、ここで問題なのは、前置が起きたときに母語話者はどういうことを感じているか、ということであろう。非母語話者には、聞こえ方や印象の差を意識化することは難しいが、次節では、Prince

---

[7] これをはっきり区別しているのは Prince(1997; 1998)と Ward(1988)である。

(1997; 1998)や Ward(1988)などの先行研究を援用して、話題化文と焦点前置文を順に取り上げて意識化を試みたい。

4.2 話題化について

4.2.1 話題化と文脈

　作例を使って、話題化について考察してみる。(11a)は通常語順の構造で、(11b)は目的語前置文である。

(11) a. I read the Washington Post every night.
　　　b. *The Washington Post* I read △ every night.
　　　　　―――――――――――　―――――――――――
　　　　　　前置要素：P　　　　　命題部：Q

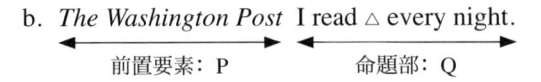

(11a)が通常の音調で発話されると、英語の end-focus の原則から night に音調核が置かれ、無標の焦点となる。

　どのような文も文脈を離れて議論することはできない。しかし、(11a)が発話される文脈は(11b)よりもずっと自由である。(11a)は自分の習慣的な行為を単に伝えているのかもしれないし、「好きな新聞は」と聞かれたときの応答ともとれる。また、自分の英語の知識、あるいは、アメリカ政治に通暁していることをひけらかしているのかもしれない。いずれにせよ、(11a)が発話される文脈上の環境は広く開かれている。一方、そういった自由度は目的語前置文にはなく、(11b)は限られた文脈環境においてのみ容認できる構造である。では、なぜ自由度を失うのだろうか？

　Pの前置によって、文自体がある特定の先行文脈を要求してしまう。話し手が英文法の構造的制約を破って、Pをわざわざ他の要素に先立って発話するのは、先行文脈に現れているものと何らかのつながりを(瞬時的に)感じとったから、と言える。逆に、先行文脈もなく、いきなり(11b)のような発話がなされることはあり得ない。そして、(11b)の場合は、前置要素Pの内容から《新聞・読み物》が談話上で想起される文脈である。母語話者がこの前置を含む文を聞いた場合、そういった文脈が先行して存在しているはず、と感じるだろう。もし母語話者自身がそういう文脈の存在を想像

できなければ、(11b)のような英語文を単独で提示されても、こんな英語はヘンだ、といった反応で終わることになる。

Prince(1997; 1998)やWard(1988)では、こういった先行文脈との関係について、「開放命題を談話上で際立たせる(mark an open proposition as salient in the discourse)」といった説明をしている。ここでは、開放命題(「私が《新聞・読み物》を〈Xの頻度〉で読んでいる」)が談話上で際立っている(前提とされ、それについての語りを求めている)環境と言える[8]。そして、話題化文は、この開放命題中の未確定値Xを談話中に導入(「値」の付与)して、それを強調する役目を担う。したがって、話題化文には、2つの談話機能を認めることができる。第一の談話機能は、先行文脈への関係づけである。これは(6a)の機能である。そして、end-focusの原則に沿って、Qの中で強勢が置かれた要素が、談話に新しく導入された情報(つまり、焦点)として強調される。これが第二の機能で、(6c)の機能に当たる。この二つの働きで話題化文には対比が感じられる。

実は、(11b)の文で焦点となるものは、理論的には複数ある。ただし、焦点となる部分は談話上の新情報であって、重要なものとして強調・対比されなければならない。(11b)のQ部に句構造表記を加えてみる。

(12) [$_S$ [$_{NP}$ I] [$_{VP}$ read ... [$_{NP}$ every [$_N$ night]]]]. ＝(11b)
     ←--------- ←------- ←

もっとも狭い領域で焦点となるのは文末の内容語nightである。通常の音調では、その語を含む上位の句構造上の結節点も焦点となりうるので、一つ上の[$_{NP}$ every night]、さらに上の[$_{VP}$ read ... every night]も焦点となる可能性がある。また、理論上は、主語に強勢を置けば、主語NPも焦点になり得る。したがって、それぞれ次のような文脈が考えられるであろう。

(13) I read the New York Times every morning. *The Washington Post* I read △ every night.

---

[8] この開放命題をわかりやすく、「《新聞・読み物》について、私が読んでいる頻度はXである」と書き換えることもできるだろう。《新聞・読み物》集合のある要素について、Xに来るべき新情報を期待している開放命題である。

(14) A: What do you do to maintain your English reading ability on a daily basis?

　　B: To be frank, I don't read English on a daily basis. *The Washington Post* I read △ once in a while, but not every day.

(15) A: It's very hard to master a foreign language, especially reading skills. I recommend that you reporters make it a rule to read authentic sources, like *the Washington Post* or *the New York Times*.

　　B: *The Washington Post* I read △ every night, but, to be honest, it may be too hard for most of the other reporters.

　(13)はもっとも狭い領域が焦点となった文である。先行する文にある the New York Times は the Washington Post とある種の関係を持っている（と話し手が感じている）。その認識があるので、the Washington Post は前置される。(13)の前置文は「私が《アメリカの新聞》を〈毎 X の頻度〉で読んでいる」という開放命題が際立っていると感じられる文脈で発生する。そして、話題化文は、その文脈環境の中で、X の値として、night を談話上に導入し、話し手に伝えるべき新情報としている。

　前置文の分析では文脈環境を考慮する必要があり、文脈から取り出した前置文の議論は不可能である。例えば、(16a)への応答としては、通常語順の(17a)も前置文の(17b)も可能である。しかしながら、(16b)に対しては、(17a)は可能であっても、(17b)は不自然に聞こえる。

(16) a. How do you keep up with things in America?
　　 b. What do you like to do in your free time?

(17) a. I read the NY Times every morning. I sometimes watch *MTV* at night.
　　 b. I read the NY Times every morning. *MTV* I sometimes watch △ at night.

(16a)の質問の場合は、[《ある情報ソース》から〈ある頻度(X)〉でアメリ

カの情報を得ている」というような開放命題が際立った文脈を生んでいると考えられ、また、the New York Times と MTV はそういった情報ソースの集合のメンバーという認識がある。したがって、MTV の前置が可能となる。そして、前置によって、ことさら MTV を言挙げする理由があるように聞こえる。他方、(16b)の質問によって、そのような開放命題を際立たせる文脈が生まれていると考えることは困難である。そのため、(16b)に対する応答としては、(17b)は不自然さを与えるのである。

　「対比」という用語を緩やかな意味で使えば、(13)では、「the New York Times / the Washington Post」と「毎朝/毎晩」が二重に対比されている、という言い方ができるかもしれない。だが、the New York Times と the Washington Post の関係については、「対比」されているというより、the New York Times とある関係が成り立つ要素として「瞬時に想起されたもの」が the Washington Post だととらえたほうが適切である。そして、その「ある関係」については、Prince(1997; 1998)や Ward(1988)らは、the New York Times と「半順序集合(partially ordered set)」を構成するメンバー、という言い方をしている[9]。話し手は先行文脈にある the New York Times という表現に対して、それとある集合関係にあるメンバーが瞬時的に頭に浮かび、それを読むことが「毎晩である」ということを新情報として与えている。ただ、印象的には 2 つのペアが対比されているように感じるので、(13)のように 2 つの文で構成される文脈を「対比文脈」と呼ぶことにする。話題化文はこの局所的な対比文脈だけが整っていれば一応は安定する。先行研究の事例には文脈がないものがあるが、実際の例では、顕在的であれ潜在的であれ、必ずこの対比文脈がある。

　(14)では頻度の副詞句全体が焦点になっている。つまり、[I read ... in a X frequency]の X が焦点で、once in a while という頻度が新しい情報と

---

[9] 半順序集合は数学の概念であるが、簡略化して言えば、higher/lower, larger/smaller, type/subtype, part/whole に加え、identity も含まれる関係である。一方、言語的に重要な概念である「行為/道具」といったような関係は入らない。人の認識のあり方の根幹に関わるような部分で数学的概念が働いているかどうかは、認知論の好個の課題であろう。

4.2 話題化について

して談話に導入されている。CGEL (p. 1377)が指摘するように、前置文には瞬時性が感じられ、相手の質問に対して、頭で何か探しているときに、the Washington Post がふと浮かんで、それを口にしてから、文をつなげたような印象を与える。瞬時性があるので、(14B)の前置要素の前に、文を接続する but や談話を管理するマーカーの well などを置くと不自然に聞こえる。

　Ward(1988)は、話題化文の前置要素が「話題(topic)」である、というのはミスリーディングな言い方で、談話の中で話題になっている、と言えるのは開放命題そのものである、と述べている[10]。ここでは「話題」というものを、狭義の文脈と広義の文脈で使い分ける必要があると思う。狭義の文脈では、たしかに前置要素はその文の話題と言える。「the Washington Post については、○○である」という情報構造になっているからである。しかし、広義の文脈環境での話題、つまり、談話の流れで中心になっているのは、the Washington Post という指示物というよりも、Ward(1988)が言うような開放命題(「私が 何かを ある頻度で 読んでいる」)である。

　(15)を見てみよう。ここでは(15B)全体が対比文脈を構成している。焦点は Q 部の主語である。換言すれば、[X reads . . . every night]の X が焦点になっている。この場合は、I に強勢を置いた発話になる。(13)や(14)と異なり、先行文脈で the Washington Post が現れているという点で、(15)の前置要素 P は談話上の旧情報である。the Washington Post という表現に反応するかのように発話して、その後にそれについて通常の語順のルールに違反して、ことばをつないだような感じがある。(15B)も瞬時性が高く、発話のタイミングとしては、相手が the Washington Post に言及したとたんに、即座に浮かんだ、といったふうである。

　(13)から(15)の前置文を通常の語順にしてもこの談話は成り立ちうる。しかし、前置文の特徴である瞬時性は失われる。(14B)の前置文の前に談話を仕切り直すマーカーである well などは挿入できないと言ったが、瞬時

---

[10] これが、Prince(1997; 1998)や Ward(1988)の議論で、topic という用語が話題化の分析などで意図的に避けられている理由である。

性が感じられない通常の語順であれば、"Well, I read the Washington Post once in a while, but not every day" のような文は可能である。話題化文は、前置を含む文構造だけの議論では終わらず、対比文脈という環境が整っていて、さらに、瞬時性という印象を与える特別な文である、と言える[11]。

本節では、話題化文の事例をセンテンスレベルで論ずることは本質を見失うということを見た。話題化文の分析では、比較的広い文脈の中に位置づけた上での考察が不可欠である。

4.2.2 具体例に見る話題化文の対比の文脈

この節では話題化文の特徴・傾向について触れたい。実際の例では、話題化文の焦点は否定と肯定の対比で構成されることが非常に多い。このことは先行文献が挙げている事例でもわかる。作例と思われるCGELを除外して、LGSWEの(4a)と(4d)、C&Mの(7a)、(7b)、(7c)が肯定／否定の対比である。(7b)では強調のdoの出現によって、(7c)では否定接辞dis-の存在によって肯定／否定の対比が含まれていることがわかる。こういった統語・語彙上で明示的な対比の他に、意味的に広く考えれば、肯定／否定の対比が暗示されていることがわかる例もある。例えば、(4c)には、「満足している・満足していない」という肯定／否定の対比が隠れており、(7d)も、「自分は野菜の世話をしていない」という意味を含んでいると考えられる。(7d)はおそらくそういった文脈環境からの引用であると思われる。し

---

[11] したがって、話題化文の作例では、次のように対比文脈が最低限必要である。
  (i) a. I drink milk before bed. *Coffee* I drink △ in the morning.
      b. You can play tennis all year, but *golf* you can only play △ in the summer.
      c. I meet Tony every day, but *Jim* I haven't seen △ in a long time. How has he been?
      d. Everybody wants the new iPhone. *The old iPhone* nobody wants △.

もちろん、すべてが発話されるわけではない。例えば、Birner and Ward (1998) の(10B)の実例では、"Yeah. I watch football, but *baseball* I like △ a lot better." の下線部がない発話であろうと想像される。

たがって、事実上ほとんどは肯定/否定の対比である。もちろん、Birner and Ward(1998)の事例である(10B)のように、程度の上昇といったタイプがないわけではない。(4b)も肯定/否定を明確に読み取れない事例である。だが、その事例はたいへん少ない[12]。

ドラマなどでは、数こそ少ないが、肯定/否定の対比を強調する話題化文がときおり見られる。文脈を示すために少し長く引用する。

(18) A: What's this in your pocket? Well, how about that? This is your night. You have one negotiable item left, the deed. All you need is to liquidate it.
B: But who buy it?(「でも、誰が買ってくれるんだい？」)
A: *That* I wouldn't know △.(「それは、わかりません」)　　(TZ37)
(実業家Bは金儲けのために、魔女Aと取引きしてタイムスリップするが、自分の愚かしさに懲りて、元の時間に戻してほしいと懇願する場面で、魔女がポケットの証文を現金にすれば、戻してもよい、とほのめかすところ)

(19) A: This is about the Avengers?!, which I know nothing about . . .
B: The Avengers Initiative was scrapped, I thought, and I didn't even qualify.
A: I didn't know that, either.
B: Yeah, apparently, I'm volatile, self-obsessed, don't play well with others.
A: *That* I did know △.(「それは、わかっていたわ」)
B: This isn't about personality profiles any more.[13]
(Bは天才発明家トニー・スターク、Aはその妻で、夫の関わるアベンジャー計画なるものは知らないが、夫の性格はよくわかっている、というところ)

P部は指示詞thatのみで、Q部には肯定/否定の対比がある。(18)は否定

---

[12] 文脈が与えられていないのでわからないが、(4b)には、ここまでは「好きだが、それ以上は違う」といったニュアンスが隠れている、と思う。
[13] 映画『アイアンマン』より。

であり、(19)は肯定である。that の前置によって、「他はわかるが、それだけはわからない」、あるいは「他はわからないが、それだけはわかる」といった強い対比を生み出す[14]。

焦点部の対比が肯定と否定で構成されることは話題化文の一般的な傾向である。インタビューの例でも見てみたい。

(20) a. .... right, and a lot of Japanese people, you know, learn English from songs, *but* the problem is, *the song lyrics*, they cannot use △ in a conversation. [1011 ③]

b. As I said before, everything is free, *but Charles Rennie Mackintosh buildings* you have to pay to get into △. [0912 ③]

c. She is different from me in a lot of ways. *The ambitious spirit she had from a young age*, I always had △. *But some of the choices she made*, I wouldn't have made △. And obviously, our lives parallel in a lot of ways, starting out in a group, etc. etc. But she is different from me. [0607 ①]

(20a)は、英語を学ぶために使っている教材などが想起される文脈である。「歌」とそれに関係する「歌詞」(全体 / 部分の関係にあるメンバー)について、使えるか(can)、使えないか(cannot)という肯定 / 否定が焦点となって、そのうち「使えない」ことを談話の新情報としている。(20b)は英国グラスゴーの観光のことを述べており、Charles Rennie Mackintosh buildings と他の建物が対比されている。焦点部分には明確な肯定 / 否定の表現はないが、意味的に広く考えれば、金を払う必要がないか / あるか、ということになる。

---

[14] 形容詞の例もある。次例は乱射事件で射殺された犯人の母親へのインタビューである。

"Our son Aaron Alexis has murdered 12 people.... Aaron is now in a place where he can no longer do harm to anyone, and *for that* I am glad △. To the families of the victims, I am so, so very sorry this happened... My heart is broken." (ABC News 2013)

前置されることによって、(息子の射殺は glad ではないが)他人に危害を加えないという点だけは、glad だと言っている。

(20c)では、自分の比較対象である「彼女」の2つの事柄について、自分が持っている/いないということが焦点になっている。先行文脈で she が談話の主題になっているので、それを受ける形で she を含む比較的長めの名詞句が前置されている。もし I always had the ambitious spirit she had from a young age という語順の文であれば、先行文脈の she とのつながりが途中の I で切れてしまう。先行文脈が *I'm different from her* in a lot of ways であれば、I always had the ambitious spirit she had from a young age となるのが自然な談話の流れであったであろう。

4.3　焦点前置文

本節では、話題化文とはっきり区別することが難しい「焦点前置文」について考察する。ここまでの引用のうち、焦点前置文と考えられる例を再掲すると、次のようになる。

(21) a. *Relaxation* you call it △.　　　　　= (2a)
　　 b. *Dot* I think her name is △.　　　　= (5b)
　　 c. Mm, *my very first car* that was △.　= (8a)
　　 d. *Jack*, could it have been △?　　　 = (8b)
　　 e. In Steinberg. *Six dollars* it costs △. = (9B)

話題化文では前置要素は焦点ではなかった。しかし、(21)の前置要素は焦点で、新情報である。end-focus で強勢がくる節末の要素が前置されているので、一般に補部の前置は焦点前置文になりやすい。これらは規則というより、英語の構造から来る傾向性である[15]。

---

[15] (21e)の動詞 cost は他動詞だが、機能的には主語の補部である。LGSWE には、話題化文（分類上では目的語前置文）の項のところに、次例が挙がっている。
　(i)　*Only one saucepan* we had △! — And it was stew every day if we didn't go out for dinner!　　　　　　　　　　　(LGSWE: 902)
　LGSWE 自身も we had には強勢がないと言っているように、これは他動詞であっても焦点前置文であると考えられる。

(21a), (21b), (21d)は何らかの「名前・呼称」に関する文である。焦点前置文で多いのは、こういった「名前・呼称」に関するものである。

(22) a. So Kansas City is closing down its middle schools and creating 63 new K-through-8th grades. *Ele-middle schools* they call them △. (ABC News 2007)

　　b. The one in a theater with the costume. *The usherette* I believe they call them △. (TZ05)

(23) A: No, it comes back to me in pieces, sometimes, only vague disjointed things. That's all. I suffered from shocks . . . .

　　B: *A trauma* the doctors call it △. (TZ32)

(24) A: What is that costume she is wearing?

　　B: *A bowling shirt* I believe it's called △. (TZ05)

　例えば、(22a)は、先行する文で新しいタイプの学校について言及しており、その直後にその特異な名称を「挿入的・追加的に述べている」文脈である。焦点前置文の前置要素は発話の焦点であり、談話に導入される新しい情報であるが、ふつうは先行文脈に何らかの《導き手》として働く要素がある。焦点前置文の生起環境を考えてみると、一般に、先行文脈で想起される名詞概念について、より詳しい情報を付加的・挿入的に挿入するようなパターンが多い。この情報を追加する働きは焦点前置文の特徴で、前置文全体の特徴である瞬時性の反映でもある。

　焦点前置文の事例を数多く挙げている Ward (1988) から引用してみよう。

(25) a. I made a lot of sweetbreads. *A couple of pounds* I think I made △ for her.

　　b. Colonel Kadafy, you said you were planning on sending planes, *M-16s* I believe they were △, to Sudan . . .

　　c. I promised my father, *on Christmas Eve* it was △, to kill a Frenchman at the first opportunity I had.

　　d. A: Are there black kids in that school now?

B: Not many. I had two really good friends. *Damon and Jimmy* their names were △.

(25a)では、「食物を作った」という先行文脈がある。直後に「量」について追加的な情報が述べられる。(25b)では、「戦闘機を派遣する」という文脈がある。その直後に、戦闘機の「呼称」を挿入的に追加している。(25c)は名詞句ではないが、補部要素の前置文で、出来事の言及があった直後に、その「時」を追加的に述べている。ここでは、ある種のスキーマのようなものが働いているように思われる。つまり、料理であれば「量」、モノや人であれば「名称・名前」、出来事であれば「時」といった内在的な関係にあるものが、文脈上で追加したい情報として話し手の頭に浮かび、挿入的に表現されているのである。

(25a), (25b)などで観察されるように、焦点前置文には I think や I believe が現れやすいし、(25d)でも I think などの表現の挿入が可能である。焦点前置文には、先行文脈の名詞的概念について心に浮かんだことがまず口にされて、その後に確信度に関する表現、つまり、モダリティ表現が付け加えられていくパターンが多い。したがって、焦点前置文にはある種の確信のなさを感じさせる例が多い。

(26) A: How old is your grandfather?
    B: *89* he might be △, but I'm not sure.
(27) At that time, my uncle bought a new car. *A Toyota Crown* I think it was △.

(26)の応答では、質問に対して即座に浮かんだ年齢をまず答えて、それから確信度を下げている。(27)では、叔父の当時購入した車を想起しながら、名称を追加的に述べている。ただし、その名称は追加すべき理由があるからこそ前置されているのであって、もし車種を伝えることに何も情報価値がなければ前置されることはないであろう。

Ward(1988)では、焦点前置文においても、前置要素によって際立つことになる関係について、半順序集合の概念に基づいて説明が試みられている。

例えば、次例では、先行文脈との関係は higher/lower や identity といった半順序集合である、という。

(28) A: Did you want tea?
　　 B: *Coffee* I ordered △, I think.
(29) I think she was Japanese ..., no, *Korean* she was △.
(30) A: Do you still have last week's New Yorker?
　　 B: No, I threw it out. *All of them* I threw △ out.

だが、談話での働きとして見れば、(28)や(29)は先行文脈への「訂正」のパターンである。一般に、焦点前置文は先行文脈で想起される名詞概念について、より詳しい情報を付加的に挿入するようなパターンであるが、訂正も詳しい情報を付加的に与えるという点では共通する。(30)も詳しい情報を与えて、訂正している、と解釈できる。

焦点前置の多くは補部の前置例であるが、必ずしも補部に限定されるわけではない。インタビューには次のような例がある。

(31) A: ... did anyone caution you not to do that movie?
　　 B: Yeah, *all the movies that I really like* people told me not to do △. 　　　　　　　　　　　　　　　　　　　　　　　[0209 ①]
(32) A: What are the most popular souvenirs sold or bought in Glasgow?
　　 B: *The coat of arms*, usually, a lot of people try to get hold of △.
　　　　　　　　　　　　　　　　　　　　　　　　　　　　　　[0912 ③]

(31)は(30)と同じパターンで、「その映画ばかりではなく、実は全部が...」という情報である。(32)は、「人気のある土産は?」と質問されてすぐに思いついた答えを発話している。その後に usually とか try to とかの表現を加えて、確信の度合いを下げている。

2点ほど補足する。まず、LGSWE は述語前置(fronted predicatives)の下位区分として「SV の語順を持った述部の前置(fronting of predicatives with subject-verb order)」という項目を立てて、その中で焦点前置文を挙げている。ただし、そこでは焦点前置文のパターンを特殊例として扱って、基本例を

次のような例としている[16]。

(33) a. *Right* you are!
  b. They're tiles. *Horrible* they are!
  c. *Bloody amazing* it was!

LGSWEでは、A little devil you are! という文は、(You're) A little devil you are! の冒頭機能部が状況省略された例と関係している、と述べている。そうであるならば、(33)のような例は、本書では状況省略を伴った陳述タグ文ということになり、基本例とは言えない。実際、(33)は音調上では最後の動詞に強勢があり、典型的な焦点前置文と異なる。ゆえに、基本例とすべきは本節の焦点前置文で、(33)のほうはむしろ二次的な例とすべきである。

また、Ward(1988)は焦点前置文の一例として、エコー型前置文を指摘している。対比のために、2つの焦点前置文の作例を示す。

(34) A: How long does it take to drive to the tip of this peninsula?
  B: Hmmm, I don't know ... *Five hours* it takes △, I guess. I haven't been up there in a few years.
    (「んー、分からないな。5時間、かかるかな、たぶん。何年も行ってないからね」)
  A: *Five hours* it takes △?! Wow, that's far!
    (「5時間かかる、だってー?! そりゃー遠いよ!」)

(34B)は確信度が低い場合で、付加的な情報を与えている通常の例である。一方、(34A)はエコー型の焦点前置文で、音調は常に上昇調で意外性・驚き・疑念などが感じられる。

---

[16] LGSWE (p. 904)参照。

4.4 特殊な前置文について

　本節では話題化文の特殊な用例を取り上げる。構成語彙の多くが機能語に依存して、やや固定化している表現、そして、名詞句以外の要素の前置現象のうち、談話機能上で話題化文と共通する特徴を持つものを見る。

4.4.1　That S V

　4.1 節で引用した (5a) を改めて見てみよう。ふつう前置文では、前置された要素を元の位置に戻しても、文法性に変化はない。しかし、(35) では、元に戻した文は不自然である。

　　(35) "Pretty strange, huh?" *That* it is △. I nod sadly.　= (5a)

　これは基本的には話題化文の変異形で、前置要素の that は先行文脈の述部を指しており、焦点は時制動詞にある[17]。つまり、否定 (isn't) と対比して、肯定 (is) であることを新情報として与えている。この構造は先行する陳述への非常に強い肯定を表す応答として現れる[18]。

　この形式は、第 2 章で見た応答のタグの 1 つとみなすことができ、SL では散見される例である。例えば、(36) は、クリスマス・イブの日、退職を目前にした老教師の自宅前で、教え子たちがクリスマスキャロルを歌う場面で、家政婦の A が教え子達を褒め称えて、それに老教師 B が応ずるところである。(37) から (39) も相手の発話に対するとっさの応答である。(38) は中古車販売場に来た夫婦に対するディーラーの応答、(39) はニュースの例で、ネパールの地震災害の報道で、レポーターの Terry と司会 B とのやりとりである。

---

[17] LGSWE は、この例を目的語前置と同列、つまり、話題化文として正しく扱っている。Ward (1988) では、「that-時制前置 (*that*-tense preposing)」という名称が与えられている。また、Birner and Ward (1998) においては、「命題断定 (proposition affirmation)」の一例として整理されている。

[18] この形式は原則として応答形式として現れるので、文脈は不明であるが、(35) は自問自答のような話法であると考えられる。

(36) A: "Such fine young men!"
　　 B: "*That* they are △!" 　　　　　　　　　　　　（TZ06）
　　　（「ステキな若者ですこと」
　　　「まったくだね」）

(37) A: "He's gone now."
　　 B: "Yep, *that* he is △." 　　　　　　　　　　　（TZ17）
　　　（「今はいないわ」
　　　「そ、たしかにいないな」）

(38) A: "That's all right. 'Dollar for dollar, the best buy is always a used car.'"
　　 B: "Is that what they say?"
　　 C: "*That* they do △, young lady, *that* they do △, ha-ha-ha."（TZ48）
　　　（「こりゃいい、『お支払いを考えると、一番の買いはいつも中古車』ってさ」
　　　「そんなこと言っているの？」
　　　「そうです、そうです、お客さん、その通りですよ」）

(39) A: "... one thing we do know about the Nepalese is, though, they've got an incredible spirit."
　　 B: "*That* they do △, Terry, *that* they do △."　　（ABC News 2015）
　　　（「とはいえ、ネパール人で我々が1つだけわかることは、彼らには信じがたい気力があるということです」
　　　「ホント、テリーさん、ホントですよね」）

この形式は応答として強い肯定あるいは同意を表すが、(37)のように、文脈によっては「当たり前だろう、なぜそんなことを聞くのか」といった皮肉につながることもある。また、(38)や(39)のように、相手への呼格形を挟んで、繰り返すパターンが見られる。

4.4.2　X it be

　Xはbe動詞補部に現れる開かれた類である。常に動詞はbe動詞で、補部要素が前置される。前置要素は先行文脈に必ず存在しており、それゆえに新情報ではない。焦点はbe動詞の肯定部で、そのため、強い断定ある

いは確認を表すことになる。ここでもXを元の位置に戻した文は不自然である。

(40) "The point is right here on the note. It says, 'payable on demand.' So *on demand* it is △. I want it paid, not tomorrow, now." (TZ37)
（「ポイントは証文のここにあるんだ、「請求次第支払い可」とある。それで「請求次第」ってことだな。支払ってもらいますよ、明日じゃなくて、今」）

(41) A: "That's his third good rating this month. Recommend him for promotion to first-class."
B: "I concur, chief. Right on down the line, miracle-wise, he's done tremendous things. *First-class* it shall be △." (TZ05)

書いてあることと実現されることは別である。(40)では、《X it be》文で、実現を断定している。同様に、(41)でも、「(天使界序列の)"一級クラス"に昇進することを recommend する」という先行文脈があり、非実現の文脈に現れた「一級クラスへの昇進」の実現を shall be で確約している、と言える。

《X it be》文では、先行文脈にXの表現が存在し、その表現は未実現のコンテクストで使われている。つまり、先行文脈での現れ方で肯定が確定していないため、この形式で肯定の確定をしているのである。この形式は第2章で触れた選択承認のタグ形式と働きが似ている。

4.4.3　その他の統語範疇の事例

これまで主に名詞句の前置現象を見てきたが、実は形容詞句や動詞句も広く前置を受ける。形容詞の場合はある種の格言(saying)のような響きを持ち、一方、動詞句の場合は語り(narrative)での強調として現れる。

形容詞句の前置

(42)は、アインシュタイン博士がユダヤ教の会堂で語っていたことばとして引用されている例である。前置要素が形容詞、否定が焦点である話題化文である。

(42) "Subtle is the Lord, but *malicious* he is not △." And "I want to know God's thoughts, the rest are details."

(Amir Aczel (2014) *Why Science does not disprove God* から)

通常の語順の場合と(42)とはどういう違いがあるのか考えてみよう。

be 動詞補部は属性を表し、形容詞と不定冠詞の名詞句と機能上の差はない。説明の便宜上、名詞句にして考える。(43a)は問題がないが、(43b)は人によっては不自然に感じる文になる。前置があると、Prince が言うように、聞き手に何らかの命題を想起させる。(43b)では、[Ichiro is X]という開放命題で、変項 X には「イチローの野球選手としての特質」の集合の中の1つの値が入る。

(43) a. Ichiro's a great hitter, but he's not a friendly guy.
    b. Ichiro's a great hitter, but *a friendly guy* he's not △.

したがって、前置を伴う(43b)が容認できるのは、「野球選手であること」と「フレンドリーであること」という2つの特質が1つの集合を構成すると認識している人である。この集合関係を感じない人には、(43b)は違和感がある。もし a friendly guy が a homerun hitter であれば前置はより自然であろう。

(42)に戻ると、この文が存在するのは、神について subtle という特質と malicious という特質が1つの尺度で並べられるような属性の存在が前提にされているからである。つまり、(42)は、神というのは常に何かを行っているというキリスト教的な価値観が感じられる表現ということになる。

一般に、この形式は対比文脈で両方の形容詞が前置される傾向があるようである。

(44) A: This is not another vulgar disgusting sexploitation film.
    B: *Vulgar* it's not △. *Dumb* it is △. (「『vulgar ならざれども、dumb なり』ってことだ」)　　　　　　　　　　　　　　　　(Ward 1988)
(45) A: The students here are very smart. I'm impressed.
    B: Well, *intelligent* they are △, but *communicative* they are not △.

(「ここの学生はとても頭がいいね。さすがだ」
「そうねー、『intelligent なれども、communicative ならず』ってことね」)

いずれも、前置は文脈の中で属性という点で一定の関係性を感じさせる特殊な文脈環境を生み出す。前置されないときは、そういった特殊な文脈環境の発生につながらない。これらは格言のような響きがあり、使用文脈は非常に局所的である。いわば談話の中で孤立的に解釈が可能で、狭い文脈で完結しているように聞こえる。

動詞句の前置

最後に、動詞について見てみよう[19]。次のような例である。

(46) a. John hoped that Mary would find his hat, but *find it* she could not △.

b. John intends to make a table, and *make one* he will △.

c. John wanted to win the race, and *win the race* he certainly did △.

d. I couldn't bear to lose my houses until the fatal moment, when *lose them* I must △.　　　　　　　　　　　（安藤 2005: 754–755）

これらの文脈環境を観察すれば、動詞句前置が起こる文脈環境は《X it be》文とよく似ていることがわかる。つまり、先行する文脈にほぼ同一の動詞句表現が存在し、かつその表現は未実現のコンテクストにある。例えば、(46a)では先行文脈で find NP が現れる環境は would の影響下にある。これも話題化文のパターンに沿っており、前置要素は焦点ではなく、前置されて残された助動詞部分が焦点、つまり新情報である。先行文脈での未実現の出来事・行為を法性で確定している、と言える。

---

[19] 動詞句前置（VP-preposing）と呼ばれた現象である。LGSWE (p. 950)では、fronted infinitive predicates の 1 類型としている。

4.5 転　　置

第3章の(1)において、... *people in Wales*, they really value family and friends ... という箇所があった。この発話は、本節で述べようとする「転置」と呼ばれる現象によるもので、SL でしばしば観察されるものである。

4.5.1 転　置　文

転置文とは、名詞句が節頭あるいは節末に現れて、節内にはその名詞句と照応する代名詞形が現れる文である (以下では、斜字体部は転置要素で、下線部はそれと照応する代名詞である)。

(47) a. *Your friend John*, I saw him here last night.
　　 b. *That play*, it was terrible.　　　　　　　　(CGEL: 1310)
(48) a. He's a complete idiot, *that brother of yours*.
　　 b. It went on far too long, *your game*.　　　(CGEL: 1310)

生成文法論では、名詞句の移動という理解から(47)は左方転置、(48)は右方転置と呼ばれてきた。また、他の英文法論においては、この現象にはさまざまな名称が与えられている。例えば、CGEL は節内に現れる代名詞を proxy pronouns と呼び、その上で、(48)の節末名詞句には amplificatory tags という名称を与えている[20]。また、LGSWE では、(47)の節頭名詞句を prefaces, (48)の節末名詞句を noun phrase tags と呼んでいる[21]。ここには移動という考えはなく、出現する代名詞や名詞句にいわば現象的な名称を与えていると言えるだろう。他方、C&M は、音声の流れには線形性はあっても、左右はないという考えにより、(47)の節頭名詞句を header, (48)の節末名詞句を tail と呼ぶ[22]。それぞれの名称には論者の考えが反映されているが、以下では「転置」という用語を便宜上使うこととする。

次節で左方転置の考察に入る前に、右方転置文について簡単に触れてお

---

[20] CGEL (p. 1310; pp. 1416–1417) 参照。
[21] LGSWE (pp. 956–958) 参照。
[22] C&M (pp. 192–196) 参照。

きたい。右方転置は指示対象の明確化(clarification)の効果を持つ、と言われる。リアルタイムの発話ではしばしば、話し手と聞き手で指示が不安定な代名詞が先行することがある。話し手から見て、指示の確定よりも頭に浮かんだ叙述部分が先行するからであろう。そのため後出し的に指示を確定する部分が現れるのである。

(49) a. "Jenna, we've loved you very much, *your mother and I*." (TZ21)
b. ".... by all means, we've gone pretty far out, *the two of us*." (TZ37)
d. "It just sort of left in my mind, *all of it*." (TZ32)
e. .... They said it's very high, *the risk*. [0509 ③]
f. Yeah, the tomboy thing, um, has it, you know, *the image*. [1011 ①]

(49)のような例は比較的多く見られるものである。一方で、(48)のような文法書に挙げられる例は感嘆的な響きを伴う判断文であることが多いことも指摘しておきたい[23]。CGEL と LGSWE は右方転置要素をタグと呼んでいるように、両書は(48)のような右方転置文について、第2章で述べた陳述タグとの関係性を指摘している。

4.5.2 左方転置文

話題化と比較すると、左方転置は出現頻度がかなり高い。また、典型的なものから周辺的なものまで多岐にわたり、統一的なとらえ方を拒むよう

---

[23] 右方転置には状況省略が伴うことがある。(i)は語りの箇所で、波線部はもとは "(It's) A funny thing, *fear*" であり、右方転置と it's の状況省略が同時に起こっている。

(i) "...a more secure feeling, and yet I don't know why it is, but I'm frightened. A funny thing, fear. I've never known it before..." (TZ26)
(「安心感、とはいえ、なぜだかわからない、でも、怖い。おかしなものね、恐れ、って。以前は知らなかったわ」)

a funny thing と fear の間にポーズがある。なお、(i)の波線部は第1章で述べた Swan (1980)の指摘している例である。

なところがある。

　まずは典型的な例から見てみる。次例はLGSWEに挙げられている左方転置文である[24]。

(50) a. *Sharon*, she plays bingo on Sunday night.
　　 b. *All that money*, I mean, in the end, is it worth rescuing?
　　 c. *That picture of a frog*, where is it?
　　 d. *That crazy Siberian*, what's *his* name? he got one of the best houses in town.
　　 e. *The guy who opened the new boutique*, you know, *the little guy with the turban*, he said he might be hiring.

(51) a. Well, *Bryony*, it seemed to be a heavy cold that was making her feel miserable.
　　 b. But *Anna-Louise*, what could have attracted her to a man in his fifties?

文脈から切り離されているので、構造的な面から見るしかないが、(a)転置要素には指示詞が含まれている、あるいは固有名詞である[25]、(b)目的語の転置より、主語の転置の例が多い、(c)転置要素の後に、疑問文が来ている例が多い、といったことが観察される。実際のところ、これらは左方転置の一般的な特徴である。

　LGSWE (p. 957)は転置が「会話にほとんど限定される(almost exclusively)」と述べており、これは転置がリアルタイムの発話の特徴であることを示している。また、この形式が「節の中心にすべての情報を統合するのではなく、話し手は情報の一部を切り離して、節に緩やかに接合させ(loosely attached)、同時に、節内の代名詞が主要な命題での文法関係を示す」ものであると述べている。これはLambrecht (1994)の「指示・役割分離の原則(The Principle of the Separation of Reference and Role)」と名づけた原理に当たり、転

---

[24] LGSWE (p. 957)参照。

[25] (50e)には指示詞などはないが、指示対象は「定(definite)」である。転置要素が2つ並んでおり、指示対象を話し手が確認している。

置文においては、外界の事物を指し示す「指示機能」と節内での文法構造上の「役割機能」が分離していることを示す[26]。また、LGSWE (p. 957)では、転置の機能は「トピックを確立する(establish a topic)」としているが、この意味は、転置によって談話上に節と切り離して導入された対象が、その直後に続く節内で代名詞として現れ、トピックとして働く、ということと理解できる。この二重性のために、転置要素と後続の節との間にポーズが必ず存在する。そして、それぞれが独立した音調単位となるため、母語話者には2つのメッセージから成るように聞こえる[27]。

また、CGEL (p. 1417)のほうは、トピックという用語は避けつつ、「転置要素が発話に対して「出発点(point of departure)」となっている」と述べて、広い文脈環境を考慮した興味深い指摘をしている。そして、"familiar speech"では、焦点ではない長い名詞句がこのような出現の仕方をするのは、話し手側の産出と聞き手側の理解にとって便利である、といった情報処理上の特性にも触れている。

多くの論者は転置現象をトピックといった概念で説明しようとする。他方、Prince(1998)は、「トピック」の用語が誤解を生みがちなので、談話でどのような機能を果たすかという点から転置の分析を試みている。Princeによると、左方転置(LD)には次の異なった3つのタイプがある、という。

(52) a. 談話の情報処理を軽くする左方転置 (Simplifying LDs)
　　 b. 半順序集合を想起させる左方転置 ('Poset' LDs)
　　 c. 再述代名詞(resumptive pronoun)の左方転置

(52a)は転置の典型的なタイプで比較的広範囲に観察される。(52b), (52c)のタイプは構造的には左方転置文の形をしているが、談話機能的には異なった例である、としている。以下では、このPrinceの議論を踏まえて左方転置を見ていきたい。

---

[26] Lambrecht (1994: 195)参照。
[27] この音調上の切れ目のため、転置要素の後にコンマを入れてある。

4.5.3　左方転置の具体的事例

左方転置の典型的な例の Simplifying LDs のタイプは、次のような例である。

(53)　A: "Oh, hello, Mrs . . ."
　　　B: "Mr. West. *These two gentlemen*, they're from the police. They'd like a word with you."　　　　　　　　　　　　　　　　(TZ04)
　　　　（「こんにちは、大家さ...」
　　　　「ウエストさん、こちらの2人の殿方ですけど、警察の人で、お話があるそうです」）

(54)　A: "Mr. Faraday, please."
　　　B: "Nobody by that name."
　　　A: "But *the bartender*, he told me . . . ."
　　　B: "Which bartender?"　　　　　　　　　　　　　　　　　　(TZ45)
　　　　（「ファラデーさん、お願いします」
　　　　「そんな名前の人、誰もいないよ」
　　　　「でも、バーテンが、私に言ったんですけど」
　　　　「どのバーテンだい？」）

ここでは、発話場面で存在する指示対象について、いきなり節内の主語に取り込んで、それを叙述するのではなく、まず転置によって指示対象を(談話上の新情報として)場面に導入し、叙述部と切り離す。その後に、それについて節内で照応する代名詞を主語にして語る、という順になっている。一般に、主語は旧情報が現れる位置であり、新情報が現れると談話処理上の負荷が高くなる。そのため転置によって新情報を独立して導入して、節として主語に現れるものを旧情報に変える。したがって、典型的な転置は主語に起こることが多い。転置によって語るべきものを談話に導入してから、それについて語るのである。(53)では、転置要素が後続の2つの文の主語になっていて、後続の談話の話題となっている。CGEL で指摘されているように、このように転置要素は後続の話題の中心となる傾向がある。また、(54)では、次に which bartender と尋ねているので、転置要素が聞き手との指示の確認であったことを示している。

また、次例では、場面で突然気づいた指示対象が転置によって、まず談話に導入されている。

(55) a. *"The lights*, they've gone off."　　　　　　　　　(TZ32)
　　　（「ライト、消えちゃった」）
　　 b. *"My eyes*, they aren't very good."　　　　　　　　(TZ12)
　　　（「私の目、あまりよくないんです」）
　　 c. *"But your hand*, there's blood on it."　　　　　　(TZ22)
　　　（「でも、手、血がついていますよ」）

(55a)は突然部屋の灯りが消えてしまったとき、(55b)は、相手から写真を見てくれ、と突然言われて、自分の目のことを述べようと反応したときのものである。(55c)のように主語以外の例もある。ケガをして横たわる人物の手に血がついていることに気づいたときの発話で、目の前の場面で目に入ったものをポンと口に出して、それにことばをつなげた印象である。

次例は、ラスベガスに旅行に来た老夫婦がホテルまでタクシーで行くときの妻と運転手の会話である。

(56) A: "May I ask a question?"
　　 B: "Shoot."
　　 A: *"The people who come here, tourists, such as my husband and myself*, do they, well, do any of them actually win, when in gamble, I mean?"
　　 B: "Sure, some of them. That's why they keep coming back."
　　　　　　　　　　　　　　　　　　　　　　　　　　　　(TZ12)

　　　　　（「聞いていいですか」
　　　　　「どうぞ」
　　　　　「こちらに来る人、私たち夫婦のような旅行者ですが、みんな、えー、どの人も実際勝てるんでしょうか、ギャンブルで、ですけど」
　　　　　「もちろん、いますよ。だから何回も来るんですよ」）

斜字体部の名詞句は続く代名詞の転置要素である。転置でなければ、"Do the people who come here, tourists, such as ... actually win ...?"のよう

になるだろう。しかし、(56)では、自分が語ろうとする話題の対象をまず転置によって導入して、それについて語りを続けている。複雑で長い指示対象を転置によって談話に導入して、それについて短い述部を付けている。リアルタイムでは頭にふと浮かんだことを先に述べる、といった傾向がある。指示機能を持った名詞句を直截な表出によって談話に導入するものと考えられる[28]。

(50)～(51)の観察で転置構造は疑問文でよく見られると述べたが、(56)でも、転置要素は疑問文の主語と照応している。指示確定が必要な対象を取り込んだ疑問文では、ある対象の指示確定とその対象についての疑問表明を1つの節内で行うことになる。

(57) a. *The sign on your door*, what does it mean exactly? (TZ37)
 b. . . . people anywhere can ask themselves, "Oh, *this social network I'm choosing*, does it obey these principles?" Or "*This new technology I'm buying*, does it protect my privacy or invade it?"

[1303 ②]

 c. *His last project on Earth*, do you recall it? (TZ05)
 d. *That book I gave you*, did you get anything out of it? (TZ33)

(57c), (57d)は目的語転置の例である。目的語は述部内であるから、そこに新情報が現れても負荷が高くなることはない。しかしながら、疑問文は聞き手に何かについて情報を求めるので、その何かがわかっている状態が談話としては安定していると考えられる。そのため、ここで目的語転置が起こっていると考えられる。

もう一度(56)を観察してみよう。(56)の二番目の代名詞は階層化された名詞句内部(any of them)にある。主語名詞句内部の補部や所有格部も談話上

---

[28] この場合、時間が切迫していなければ、直截な表出ではなく、例えば、I wanna ask you about X のような表現が X の談話導入を行って、それについて疑問文が来る、といった可能性がある。しかし、ある種の臨場感が失われるため、ラジオドラマでも転置文を多用するのであろう。また、推敲されると、"as for ～"といった句表現で書き換えられることもある。

新しい情報が現れると処理の負荷が高くなる位置である。したがって、リアルタイムの発話では、それらの位置は転置の起こりやすい環境ということになる。例えば、次のような例がある。

(58) a. Um, *the parents that I spoke to*, all of them said that this script really reflected what happens to a family who has a child and who has a special need. [0911 ①]

b. Everyone's needs, *everyone else in the special family*, sort of, *their* needs fall away and it only becomes really focused on the child. [0911 ①]
((a)と(b)は、映画制作の過程で、不治の病の子や特別な支援を必要とする家族と話をしたときのことを語るところ)

c. Um, and as I said, everything, *all our attractions*, the majority of *them* are free to get into, . . . [0912 ③]

d. As an actor, the way I do it and the way I viewed it is that *all the actors that have come before*, that's *their* interpretation of the source materials, the source material being the comic books. [1401 ①]
(『マン・オブ・スティール』でのスーパーマンのキャラクターについて、過去の俳優のスーパーマンの演じ方からの影響を聞かれて)

(58a), (58c)では、まず名詞句が転置要素として導入されて、その後の節ではof句の補部内の代名詞と照応しており、(58b), (58d)では、名詞の所有格と照応している[29]。

(52a)の典型的なタイプでは、指示の確定という機能が必然的に含まれているので、原則として、転置要素は談話上新しい情報である。ところが、転置要素が談話上で新しい('discourse-new')情報とはみなせない例がある。そこで、Prince はこれを(52b)のタイプとした。(59)は Prince(1997; 1998)が挙げている例である。

---

[29] (58b)は、everyone's needs が先行しているので、別の解釈が可能かもしれない。

(59) She had an idea for a project. She's going to use three groups of mice. *One*ᵢ, she'll feed them_i *mouse chow* . . . . *Another*ⱼ, she'll feed themⱼ *veggies*. And *the third*ₖ, she'll feed △ₖ junk food.

(59)にある2つの左方転置文では、転置要素が先行文脈にある3つのグループ(の2つ)を列挙しているにすぎず、談話上で新情報とは言えない。Prince は、この転置要素が先行文脈の three groups of mice と半順序集合の関係(部分・全体の関係)にある事例と考えた。前置に伴う半順序集合の想起は、話題化文の特徴であり、その意味で話題化文と機能を共有した転置文ということになる。話題化文と違うのは、焦点がない、つまり、新情報の導入がないことである。誤解を恐れずに言えば、ネズミの実験で食料として mouse chow や veggies を与えることはふつうのことで、ことさら強調すべきことでもないか、あるいは、そのように話し手は思っている。一方、最後の文は話題化文である。ここでは、junk food を与えることはいわば焦点となるべき理由があると話し手は感じているので、話題化文になっている。

Prince の第三のタイプは、見た目は左方転置だが実質は話題化文というタイプで、'topicalization in disguise' とも呼ばれる。話題化は名詞句の摘出操作で、その摘出が不可能な構造的位置がある。それは Ross (1967) の島の条件を犯す位置と主語の位置である。島の条件の例は(60)の例である。また、主語の位置の例は、例えば、(61)である。

(60) Well, *Bryony*, it seemed to be a heavy cold that was making her feel miserable. ＝(51a)

(61) a. . . . and I mean, the insects in Japan are just so fascinating, and *the amphibians and the frogs in Japan*, they're so great.

［1401 ③］

b. . . . but *the things that I'm wearing*, it's minimal, but the things that are done are eloquent. So they trick your eye into thinking you're seeing an older person . . . . ［1207 ①］

(女優 Meryl Streep が映画で Margaret Thatcher 首相を演じたときの、

第 4 章　話しことばで見られる正規構造からの変化

特別なメイクについて語っているところ)

(60)には文脈がないが、おそらく出現した文脈は話題化の環境であろうとも思われる。(61)の文は形式的には転置文である。しかし、前後の対比文脈と音調からこれは話題化文である[30]。このような例では、見た目は転置文であるが、実態は話題化文である、ということになる。転置や話題化の特定は文脈の中で考えるしかなく、構造的な面だけでは決められない。

さらに細かな事例を検討してみよう。第 3 章でも見たが、挿入句によって主語が述部と切り離されたことで、代名詞が補われている例がある。

(62) a. ...and it's fantastic because *the older children that come on the training with us*, I mean, they are itching to find an opportunity to talk about what matters to them, ...　　　　　　[0911 ②]

(社会活動家が、中高生を集めてのプレゼンのトレーニング・プログラムの様子を語るところ)

b. It's a morning show, so yeah, it's very different. *The old show*, which was on a Sunday evening for most of its run, it was totally freeform.　　　　　　[1007 ②]

(フリーのキャスター Peter Barakan が、新しく始まった朝の番組がこれまでの番組とどう違うか、と聞かれて答えるところ)

c. *The stage*, for me and all the g, Fourplay guys, uh, it's so comfortable. That's the comfort zone for all of us.　　　　　　[1302 ②]

挿入部分を除いてみれば、結果的に転置の構造のようになっている。(62b)は、(61)のように、転置要素は先行要素 (a morning show) と対比されており、対比文脈のある話題化文であると考えられる。

転置要素と節内の照応要素との関係を見てみよう。左方転置は文法的な構造変化ではなく、談話上の情報負荷の軽減というストラテジックなものであるので、転置要素の文法的な特性に制約はない。

(63) a. ...when you keep recycling, suddenly *something you studied*

---

[30]　(61b)は転置名詞句と代名詞の数一致が乱れている興味深い例である。

two years ago, you understand it.　　　　　　　　　[1001 ②]
　　　　（アメリカ人英語教師が外国語学習のことを語るところ）

b. ... anybody listening to this, I would, I would ask them, obviously to buy Quakebook, ...　　　　　　　　　　　　[1110 ③]
（東日本大震災の体験談を載せてある本 Quakebook の売り上げは全額寄付される。そのプロジェクトを立ち上げた人物の発言で、this はインタビューを指す）

c. Tommy, what you're doing, it's wrong. You can't go on hurting people the way you hurt me. I won't let you ....　　(TZ22)

転置要素は指示詞などを含む定名詞句であることが多いが、(63)のように、不定名詞句でも転置可能である[31]。

　同様に、転置要素と節内の要素との関係も文法的な制約というよりも、話し手の頭の中でのつながりといった性質のものである。

(64) a. ... but this society, unfortunately, they put emphasis on, you know, breasts, right?　　　　　　　　　　　　　　　[0509 ③]
（乳がんの予防的切除を提唱する女性の発言で、this society はアメリカ社会を指す）

b. ... On the other hand, people like Kono Taro, he's a different kind of Japanese politician as well.　　　　　　　　　[0712 ②]

c. ..., the plum pudding, we have a lot at Christmas time.
　　　　　　　　　　　　　　　　　　　　　　　　　　　　　[0602 ③]

(64a)は this society（アメリカ社会）が転置され、主語がその社会の人々、一般総称の they になっている。(64b)では、主語代名詞 he は転置要素の内部の固有名詞を指しているようである。(64c)では、節内の要素は不定名詞句であるが、転置要素と文法的につながっていない。

---

[31] 例えば、代名詞は左方転置できない、といった主張があるが、こういった転置要素の文法的・語彙的な特性は転置現象の制約とはならない。例えば、Lambrecht (1994: 183) は、"*Me*, I'm hungry." という例（おそらく作例）を挙げて、これが対比を表す、という説明をしている。

さらに、節内に転置要素と関係しているものが明確に存在していない場合もある。左方転置の広義の解釈では、転置名詞句は後続の節と「緩やかにつながっている」ということであって、極端な場合、節内の構造的位置の制約を受けない。

(65) a. ... but the fact is that, <u>the Japanese society and the Japanese language</u>, one of the important values is being kichinto and sounding kichinto even if it's in English or Japanese. ［1207 ③］

　　 b. I think <u>the Central League</u>, the only team that has a strong fan base is the Hanshin Tigers. ［0508 ②］

　　 c. ... and <u>Japan</u>, if you live and work here, you will understand there is a whole set of different rules, ... ［1205 ②］

　　 d. It (= the program)'s, has been challenging, and our students are not all, um, ready for it necessarily, but <u>the initial results we have</u>, it seems to have been, um, successful. ［1402 ③］

これらの例では、斜字体波線部の名詞句は「〜については」といった意味合いで導入されているようで、後続する斜字体部の陳述が成り立つ場面を限定する働きがある。つまり、(65a)〜(65c)では、それぞれ「日本社会、日本語」、「セ・リーグ」、「日本」という場面の限定を行っている。(65d)では、斜字体部の it は先行する外国語プログラムを指しており、「初期の結果については」といった、プログラムがうまくいった範囲を設定している。

これらは「疑似的左方転置」と呼べるような事例である。狭義の左方転置は転置要素の照応形が節内にある。だが、名詞句が後続の節内と「ゆるやかな接合」をしているという定義をすれば、実に多様な事例が転置のグループに入ってしまう。実際、SL でのリアルタイムの発話では、そういう「ゆるやかさ」が許されており、おそらく WL として推敲されればほとんど消えてしまうようなパターンが SL ではときおり観察されるのである。

4.6 まとめ

　本章では、SL で観察される前置現象として話題化文と転置文を取り上げて、それが起こる文脈環境などについて考察してきた。両者の特徴を比較してみよう。

(66) a. 話題化文の出現頻度は低いが、転置文はかなり高い。
　　 b. 前置要素は、転置文では主語と関係するが、話題化文では述部内要素と関係することが多い。
　　 c. 前置要素と後続の節との結合性について、転置文ではそれぞれ独立したメッセージとして感じられるが、話題化文は 1 つのメッセージとして感じられる。
　　 d. 前置要素の談話上の性格は、転置文では基本的に談話上で新しい情報であるが、話題化文では新しい情報ではない。
　　 e. 転置文の前置要素は後続の談話でトピックとして続いていく傾向があるが、話題化文では、前置要素は対比文脈で完結し、孤立的である。

　こうして見ると、よく似た構文であるが、その性質や機能は大きく異なり、むしろ逆転しているとさえ言える。
　英文法書の記述は紙面の都合もあり、話題化文や転置文の多くの例は文脈もなく孤立的に引用されている。母語話者は母語の直観が働くので、引用された例文を見て、その文脈を想像することも可能である。しかし、非母語話者である英語学習者には、文脈のない例文を見ただけで、それが現れうる可能な文脈というものが直感的にわからない。そのため多くの文法書の記述は非母語話者にとって不親切なものとなっている。また、話題化文と転置文は性質が逆転していると述べたが、それは典型的な場合であって、話題化文と比較して、転置を含む文は典型的な例から周辺的な例まで多様性に富んでいる。さらに文構造上では両者の区別ができないこともあり、適切な文脈の中にあって適切な音調で発話されないとわからないといった場合もある。こういった事情は、SL の本質を WL の様式である書記媒

体で伝える文法書の限界であるとも言え、その点では、SLの仕組みを解明しようとした本書も例外ではない。

引用した資料について

A. 本書において，TZ の記号が付してある事例は，Twilight Zone ラジオドラマシリーズのエピソードからの引用であることを示す．TZ に続く二桁の番号は，下記のエピソードを表している．

　同シリーズは，CD 版の販売は中止となり，現在は http://hollywood360radio.net/TZ/ でオンライン販売により，エピソード当たり $1.99 で入手可能である．

　事例については，筆者が CD 版のシリーズから直接音を起こしてスクリプトを作成し，母語話者のチェックを受けて，データ・ベース化したものを使った．

TZ01: *After Hours;*
TZ02: *Black Leather Jackets;*
TZ03: *Brain Center at Whipple's, The;*
TZ04: *Caesar and Me;*
TZ05: *Cavender is Coming;*
TZ06: *Changing of the Guard;*
TZ07: *Chaser, The;*
TZ08: *Dead Man's Shoes;*
TZ09: *Elegy;*
TZ10: *Encounter, The;*
TZ11: *Fear, The;*
TZ12: *Fever, The;*
TZ13: *Five Characters in Search of an Exit;*
TZ14: *Four O'clock;*
TZ15: *From Agnes with Love;*
TZ16: *Gentlemen, Be Seated;*
TZ17: *Hitch-hiker, The;*
TZ18: *A Hundred Yards over the Rim, A;*
TZ19: *I Dream of Genie;*
TZ20: *Judgement Night;*
TZ21: *Lateness of the Hour, The;*
TZ22: *Long Live Walter Jameson;*
TZ23: *Man in the Bottle, The;*
TZ24: *Mighty Casey, The;*
TZ25: *Mind and the Matter, The;*
TZ26: *Mirror Image;*
TZ27: *Monsters are Due on Maple Street;*
TZ28: *Mr. Bevis;*
TZ29: *New Exhibit, The;*
TZ30: *Nice Place to Visit, A;*
TZ31: *Night of the Meek, The;*
TZ32: *Nightmare as a Child;*
TZ33: *Nightmare at 20,000 Feet;*
TZ34: *No Time like the Past;*
TZ35: *Obsolete Man, The;*
TZ36: *Odyssey of Flight 33, The;*
TZ37: *Of Late I Think of Cliffordville;*
TZ38: *Pattern for Doomsday;*
TZ39: *Person or Persons Unknown;*
TZ40: *Ring-a-Ding Girl;*
TZ41: *Sounds and Silences;*
TZ42: *Static;*
TZ43: *Time Enough at Last;*
TZ44: *To Serve Man;*
TZ45: *Trade-Ins, The;*
TZ46: *Valley of the Shadows;*
TZ47: *What You Need;*
TZ48: *Whole Truth, The;*
TZ49: *Will the Real Martians Please Stand Up?*

B. 本書において，四桁の番号が付けてある事例は，アルク社刊の *English Journal* に掲載されたインタビュー記事からの引用であることを示す．四桁の数字は，最初の二桁が 2000 年以後の西暦年の下二桁に対応し，続く二桁は発行月を表している．例えば，[1012] は，2010 年 12 月号からの引用であることを表す．

引用した資料について

本書に引用した事例は，以下の人物の発話である（①〜③の番号は当該 *English Journal* に掲載されたインタビュー記事の順に対応する）．

0208	⑤ Jimmie Holland	1101	① Leonard DiCaprio
0209	① Ben Affleck, ② Rayna Rapp	1103	② Elizabeth Gilbert
0210	① Bruce Willis, ② Rodney Greenblat, ③ Kim Campbell	1107	② Tim Ellis
		1108	① Angelina Jolie, ② Nicholas G. Carr
0507	③ Belinda Hobbs	1110	③ Our Man in Abiko（Handlename）
0508	② Marty Kuehnert & Bobby Valentine	1201	③ Dale Bridenbaugh
0509	③ Jean Rettura	1204	① Mark Zuckerberg, ② Jimmy Wales
0510	① Nicole Kidman	1205	① Chris Martin, ② Michael Woodford
0602	② Don Cheadle, ③ Miranda Tremere	1206	① Daniel Radcliffe, ② Walter Isaacson, ③ Kevin Maher
0604	① Cameron Diaz	1207	① Meryl Streep, ② Paul Krugman, ③ Steve Soresi
0607	① Beyoncé Knowles		
0702	③ Daniel Pink	1208	① Paul McCartney, ② Richard Porter, ③ Daniel Craig
0703	② Wendy McNeill		
0705	① Leonard DiCaprio, ② John Gray, ③ Kimberly Wiefling	1209	① Michelle Williams, ③ Tom Lewis
		1211	① George Clooney, ② Oliver Sacks
0706	① Angelina Jolie, ② Jay Rubin, ③ Alan Tsuda	1212	③ George Alagiah
		1302	① Clint Eastwood, ② Larry Carlton
0707	① Helen Mirren, ② Graham Hancock	1303	① Michelle Obama, ② Lori Andrews
0708	① Katherine Jenkins	1304	② Howard Schultz
0709	② Sue Llyd-Williams	1305	① Daniel Craig, ② Tim Cook
0711	② Tim Kelly, ③ Andrew Gordon	1306	③ Francis McInerney
0712	② Justin McCurry	1308	② Max Gill & Jordan Waller, ③ Nik Gowing
0804	③ John Wood		
0904	① Avril Lavigne	1309	① Daniel Day-Lewis
0909	② David Wright, ③ Steven Funk	1311	① Leonard DiCaprio
0911	① Cameron Diaz, ② Eugenie Harvey	1312	① Benedict Cumberbatch
0912	① Noel Gallagher, ② Richard Taylor, ③ Susan Ferguson	1401	① Henry Cavill & Zack Snyder, ② Oliver Stone & Peter Kuzick, ③ Arthur Binard
1001	① Johnny Depp, ② David Barker		
1005	① Kristen Stewart	1402	② Susan Cain, ③ Tom Gally
1007	① Denzel Washington, ② Peter Barakan, ③ Jeff Williams	1403	① Emma Watson & Sophia Coppola, ③ Ruth Ozeki
		1404	② Steve Jobs
1008	② Paula Robinson	1405	① Sandra Bullock
1009	① Sandra Bullock		
1011	① Eliza Dushku, ③ Greg Irwin		

初出一覧

(下記のとおり，本書の一部の小節の内容は，既発表の論文を加筆・修正あるいは改変したものです)

第2章2.2節　澤田茂保(2014)「話しことばにおける状況省略——spoken languageの欠落性の諸相」『言語文化論叢』第18巻, 37–73.
第2章2.4節　澤田茂保(2015)「話しことばと定型化」『言語文化論叢』第19巻, 39–57.
第2章2.5.2節　澤田茂保(2012)「Spoken English の強調形式について」『言語文化論叢』第16巻, 63–86.
第4章4.4.3節　澤田茂保(2013)「節の融合の形成と特徴について——That's X is Y 形の談話上の働き」『言語文化論叢』第17巻, 1–20.

参考文献

〈辞典・文法書類〉

荒木一雄・安井稔(編)(1992)『現代英文法辞典』三省堂, 東京.
安藤貞雄(2005)『現代英文法講義』開拓社, 東京.
内田聖二(編)(2009)『英語談話表現辞典』三省堂, 東京.
Biber, Douglas, Stig Johansson, Geoffrey Leech, Susan Conrad and Edward Finegan (1999) *Longman Grammar of Spoken and Written English*, Longman, London.
Carter, Ronald and Michael McCarthy (2006) *Cambridge Grammar of English*, Cambridge University Press, Cambridge.
松尾文子, 廣瀬浩三, 西川眞由美(編著)(2015)『英語談話標識用法辞典』研究社, 東京.
Quirk, Randolph, Sidney Greenbaum, Geoffrey Leech and Jan Svartvik (1985) *A Comprehensive Grammar of the English Language*, Longman, London.
Swan, Michael (1980) *Practical English Usage*, Oxford University Press, Oxford.
Swan, Michael (2005) *Practical English Usage*, 3rd edition, Oxford University Press, Oxford.

〈書籍・論文〉

Aijmer, Karin (1984) "'Sort of' and 'Kind of' in English Conversation," *Studia Linguis-*

tica, 118–128.

Birner, Betty J. and Gregory Ward (1998) *Information Status and Noncanonical Word Order in English*, John Benjamins Publishing, Amsterdam and Philadelphia.

Bolinger, Dwight (1972) *That's That*, Mouton, The Hague.

Culicover, Peter (1999) *Syntactic Nuts: Hard Cases, Syntactic Theory, and Language Acquisition*, Oxford University Press, Oxford.

Emonds, Joseph E. (1976) *A Transformational Approach to English Syntax*, Academic Press, New York.

Geluykens, Ronald (1992) *From Discourse Process to Grammatical Construction: On Left-Dislocation in English*, John Benjamins Publishing, Amsterdam and Philadelphia.

Lakoff, George (1972) "Hedges: A Study in Meaning Criteria and the Logic of Fuzzy Concepts," *Papers from the eighth regional meeting, Chicago Linguistic Society*, 183–228.

Lakoff, Robin (1969) "A syntactic argument for negative transportation," *CLS* 5, 140–147.

Lambrecht, Knud (1994) *Information Structure and Sentence Form*, Cambridge Studies in Linguistics 71, Cambridge University Press, Cambridge.

Levelt, Willem J. M. (1989) *Speaking: From Interaction to Articulation*, MIT Press, Cambridge.

益岡隆志(1991)『モダリティの文法』くろしお出版, 東京.

益岡隆志(2007)『日本語モダリティ探究』くろしお出版, 東京.

中右実(1994)『認知意味論の原理』大修館書店, 東京.

岡田伸夫(2013)「文の一部を他の文へ代入する事例」*Exploring the World of Grammar, The Japan News*, June 13.

Prince, Ellen F. (1997) "On the Functions of Left-Dislocation in English," in Akio Kamio (ed.), *Directions in Functional Linguistics*, 117–143, John Benjamins Publishing, Amsterdam and Philadelphia.

Prince, Ellen F. (1998) "On the Limits of Syntax, with reference to Left-Dislocation and Topicalization," in P. W. Culicover and Louise McNally (eds), *Syntax and Semantics 29, The Limits of Syntax*, 281–302, Academic Press, New York.

Ross, John Robert (1967) *Constraints on Variables in Syntax*, Doctoral dissertation, MIT.

澤田茂保(2011)「はなし言葉と直接引用――real-time の発話での直接引用形について」『言語文化論叢』第 15 巻, 1–26.

Schourup, L. C. (1985) *Common Discourse Particles in English Conversation*, Garland, New York & London.

Ward, Gregory L. (1988) *The Semantics and Pragmatics of Preposing*, Garland, New York & London.

Wells, J. C. (2006) *English Intonation: An Introduction*, Cambridge University Press, Cambridge.

索　引

【あ行】
あいづち　65
アメリカ英語　52n., 53n., 60, 61, 66, 114n.
言い換え　recasting, reformulations 103, 104, 105, 147, 148n.
　〜のシグナル　→　シグナル
　置き換え型の〜　149, 158
　付け加え型の［付加による］〜　149, 150, 158
　同格説明型の〜　151
言い直し　false starts, re-starts, repairs 103, 104, 105, 124, 147, 152–156
一人称主語の省略　→　省略
右方転置　21n., 197, 198
埋め子　filled pauses　103, 104, 136, 143
英国北部地域方言　Northern British English　62
エコー型前置文　191
応答(の)タグ　62–67, 192
　正置型の〜　63–64, 65–66
　倒置型の〜　63, 64–67
　否定〜　67
　否定辞前置の〜　70
　now 付きの〜　68
　so 付きの〜　68–69
置き換え型の言い換え　→　言い換え
終わりのシグナル　→　シグナル

【か行】
開放命題　180, 181, 182, 183, 195
冠詞の省略　→　省略
冠詞類の繰り返し　→　繰り返し

間接疑問文の独立化　94
感嘆のタグ　Exclamation tags　51–52
間投詞・間投的表現　interjections　70, 85, 112n.
簡略化・省略化　17, 20
緩和表現　103
聞き返し　36
擬似的左方転置　→　左方転置
機能語化　153, 154
機能語の繰り返し　→　繰り返し
基本構造の繰り返し　→　繰り返し
疑問(の)タグ　Question tags　51, 52–59
　極性一致型の〜　53, 54, 55
　視認・確認型の〜　55
　挑発型の〜　54, 55
疑問のモダリティ　→　モダリティ
強意　intensification　89
教育誘発性の間違い　induced errors 43
強化タグ　reinforcement tags　2
強調　emphasis　88–98, 147
　繰り返しによる〜　88–90, 102, 105
極性一致型の疑問のタグ　→　疑問のタグ
極性一致のタグ　→　タグ
切れ目のシグナル　→　シグナル
繰り返し
　〜による強調　→　強調
　冠詞類の〜　142
　機能語の〜　141–143, 144
　基本構造の〜　143–146
言語変種　language varieties　5
構造省略　structural ellipsis　28
黒人英語　African-American vernacular

[215]

English, Ebonics 42
コメント節 comment clauses 55n., 120
語用論的(な)マーカー pragmatic markers 112, 125, 136

【さ行】

再述代名詞 resumptive pronoun 170, 171, 200
左方転置 131, 173, 197, 198–208
　擬似的～ 208
三人称主語の省略 → 省略
シグナル 135, 136, 146
　言い換えの～ 148
　言い直しの～ 124
　関わり・注意の～ 64
　切れ目の～ 137
　終了［終わり］の～ 137, 146
　談話継続の～ 165
　談話上の～ 102
　知識共有の～ 121n.
　話者の転換の～ 22n., 101–102
　話題を変える(話題転換の)～ 102
指示としての副詞表現 adverbials as directives 45n.
指示・役割分離の原則 The Principle of the Separation of Reference and Role 199
視認・確認型の疑問タグ → 疑問(の)タグ
視認・確認型のタグ → タグ
島の条件 205
周辺副詞類 circumstance adverbials 130, 131
主観的なモダリティ → モダリティ
述語前置 → 前置
瞬時性 spontaneity 175, 183, 184, 188
使用域 register 5–6
状況省略 situational ellipsis 21, 27, 28, 29, 55, 198n. → cf. 省略
　極限的な～ 47–49
詳細化 elaborations 150, 151
焦点 focus 178
焦点前置(文) → 前置
省略 ellipsis 28
　一人称主語の～ 31–32, 35, 36, 38, 49–50
　冠詞の～ 43
　三人称主語の～ 32–33, 37
　前置詞の～ 43–44
　二人称主語の～ 32, 35, 36, 56n.
　非人称代名詞の～ 33–34
　本動詞の～ 44–46
　be 動詞の～ 49
　if の～ 45
　it の～ 37
　there の～ 34, 35, 37, 38
遂行動詞 93
スタイル 3–7, 9, 10
スロット型定型表現 78
生成文法 109, 110, 197
正置型の応答タグ → 応答(の)タグ
正置型のタグ → タグ
接語化 cliticization 142
節融合 clausal blends 165n.
選択肢の是認表現 → X it is (then)
前置 fronting, preposing 173, 174, 175n.
　形容詞句の～ 194–196
　述語～ fronted predicatives 190
　焦点～ Focus Preposing 178, 187–189
　動詞句～ VP-preposing 196
　背景部～ 128–134
　補部～ 176, 177, 178
　名詞句～ 71n., 173–179
　目的語～ 176, 177, 178, 179, 187n., 203

that- 時制〜 that-tense preposing 192n.
前置詞の省略 → 省略
挿入 102, 103, 104, 105
挿入表現 inserts 121n.

【た行】

対人的なモダリティ → モダリティ
対比文脈 182, 183, 184, 195, 206, 209
代名詞の多用 157
タグ（タグ表現） tag 27, 32, 51, 198
　応答の〜 → 応答のタグ
　感嘆の〜 → 感嘆のタグ
　疑問の〜 → 疑問のタグ
　強化〜 → 強化タグ
　極性一致の〜 55
　視認・確認型の〜 54–55, 56, 57
　正置型の〜 52, 66
　陳述の〜 → 陳述のタグ
　倒置型の〜 52, 62, 66
　二重〜 → 二重タグ
　付加疑問の〜 52
　命令の〜 → 命令のタグ
脱階層化 156
断定性 assertiveness 112, 117
単文化傾向 164
談話継続のシグナル → シグナル
談話小体 discourse particles 105n.
談話導入のマーカー 170n.
談話マーカー discourse markers 58, 102, 103, 112, 121–127
遅延効果 127 → cf. 発話遅延、「ポーズ」効果
挑発型の疑問タグ → 疑問（の）タグ
陳述形疑問文 declarative questions 32, 40, 41
陳述のタグ Statement tags 51, 52, 59–62
陳述 wh- 疑問文 delarative wh-questions 9
付け加え型の言い換え → 言い換え
定型的表現 27, 45, 73–88
テキスト省略 textual ellipsis 28–29
転置 → 左方転置、右方転置
転置疑問文 dislocated questions 58
等位節化 162
同格説明型の言い換え → 言い換え
同極性の付加疑問文 32
統語（的な）調整 131, 132
統語融合 syntactic blends 90n., 105, 165–171
動詞句前置 → 前置
倒置型の応答タグ → 応答（の）タグ
倒置型のタグ → タグ

【な行】

二重タグ 69
二人称主語の省略 → 省略
認識動詞 28, 31, 35, 47, 93, 95

【は行】

背景部前置 → 前置
発話行為 speech acts 11, 93
発話遅延（発話を遅延させるストラテジー） 122, 123, 146 → cf. 遅延効果、発話遅延
発話の力 illocutionary force 45, 47, 48, 93
半順序集合 partially ordered set 182, 189, 190, 200, 205
反応的疑問文 responsive questions 41, 42n.
否定応答タグ → 応答（の）タグ
否定辞上昇 119n.
否定辞前置の応答のタグ → 応答（の）タグ
非難の不定詞 infinitive of deprecation 42n.

非人称代名詞の省略 → 省略
非-文 nonsentences 48
付加疑問のタグ → タグ
付加による言い換え → 言い換え
符牒・符牒的(固定)表現 111, 120, 125–127, 135, 139, 143
不変化体 particles 105
平板化 156
　　句レベルでの〜 157–161
　　節構造レベルでの〜 161–164
　　談話レベルでの〜 164–165
ぼかし表現 hedges 112–120, 126
ポーズ unfilled pause 136, 143, 200
「ポーズ」効果(遅延効果) 104 → cf. 遅延効果、発話遅延
補部前置 → 前置
補文標識 that 28, 118, 130
本動詞の省略 → 省略

【ま行】
名詞句前置 → 前置
命題強調副詞 61
命題断定 proposition affirmation 192n.
命令のタグ Diretive tags 51, 52
メタ・レベル表現 134–140
目的語消失 46–47
目的語前置 → 前置
モダリティ modality 9, 11, 12, 13, 67, 72, 93, 112, 125, 189
　　疑問の〜 67n.
　　主観的な〜 12, 13
　　対人的な〜 12, 13, 14
モード 3–7, 9

【や行】
余剰性・冗長性 17, 20, 152

【ら行】
流暢性 fluency 104
流暢阻害現象 147n.

【わ行】
話者の転換 turn-taking 22n., 102
話題化 topicalization 173, 178
話題化文 173, 176, 177n., 178, 180, 182, 183, 184, 186, 187, 196, 205, 206, 209

【欧文】
amalgam 文 170n.
amplificatory tags 197
be 動詞の省略 → 省略
but 136, 137, 140, 155, 183
comment clauses → コメント節
compromises 112n.
do you think? 22n.
downtoners (下調化詞) 112n.
end-focus(の原則) 178, 179, 180, 187
filled pauses → 埋め子
fronting → 前置
header 197
here it is 83
here you are 83
here you go 82
How's it coming? 82
How's that? 79
I believe 189
I don't know 138–140
I get it 81, 84, 85
I got it 85
I got you 84
I mean 124–125
I say 97–98
I take it 94
I tell you 97
I think 118–120, 168, 189

索引

if の省略　→　省略
if you like　148
I'll give you that　87–88
Is that it?　74–75
it の省略　→　省略
It's just that ...　81
It's not that　80
(It's) Nothing like that　81–82
I've had it　84
kind of　113–115
know　96
Levelt（のモデル）　106–111, 128, 132, 137
like　115–118
like what?　116
middle style　7, 8, 9, 10
noun phrase tags　197
now 付きの応答のタグ　→　応答（の）タグ
or　148
phrasal chaining　161
prefaces　197
promise　93
proxy pronouns　197
reformulations　→　言い換え
repairs　→　言い直し
retrace and repair　153n.
semantic gap-filling clauses　171n.
so 付きの応答のタグ　→　応答（の）タグ
sort of　113–115
stance adverbs　61
tail　197
talking style　7, 9, 10
That does it　86–87

That S V　192–193
That's about it　76–77
That's all　77
That's it　73–74
That's it then　75
That's just it　76
That's more like it　79–80
That's that　77
That's what it is　90–91
That's X　78–79
that's X is Y　166–169
that- 時制前置　→　前置
then　58, 71, 75
there の省略　→　省略
there you are　83
there you go　82
There you go again　83
topicalization in disguise　205
unfilled pauses　104
utterance launchers　121n.
We have X Y　169
well　75, 102, 103, 148n., 183
What's that?　79
written style　7, 8, 10
X it be　193–194, 196
X it is (then)　71–72
You can have them / it　84
You can say that again　87
You did it　85–86
You do that　86
(You) Got it　84, 85
you got me　84, 85
you know　121–124, 136, 137
You made it　86
You said it!　87

〈編者紹介〉

内田聖二（うちだ・せいじ）　1949 年生まれ。奈良大学教授。

八木克正（やぎ・かつまさ）　1944 年生まれ。関西学院大学名誉教授。

安井　泉（やすい・いずみ）　1948 年生まれ。筑波大学名誉教授。

〈著者紹介〉

澤田茂保（さわだ・しげやす）　1959 年富山県生まれ。東北大学情報科学研究科人間情報科学専攻博士課程修了。博士（情報科学）。現在、金沢大学国際基幹教育院外国語教育系教授。論文："The Semantics of the 'Body Part off' construction"（*English Linguistics*, 2000）,「It is because . . . の分布と語法」（『英語語法文法研究』, 2004）など。

〈シリーズ〉英文法を解き明かす——現代英語の文法と語法 ⑨

ことばの実際 1　話しことばの構造

2016 年 4 月 30 日　初版発行

編　　者　内田聖二・八木克正・
　　　　　安井　泉
著　　者　澤田茂保
発行者　関戸雅男
印刷所　研究社印刷株式会社

KENKYUSHA
〈検印省略〉

発行所　株式会社　研究社
　　　　http://www.kenkyusha.co.jp

〒 102–8152
東京都千代田区富士見 2-11-3
電話　（編集）03（3288）7711（代）
　　　（営業）03（3288）7777（代）
振替　00150-9-26710

© Seiji Uchida, Katsumasa Yagi, Izumi Yasui, and Shigeyasu Sawada, 2016
装丁：清水良洋（Malpu Design）
ISBN 978-4-327-23809-4　C 3382　Printed in Japan